M.E. Iacobescu

DICȚIONAR
de
PARONIME
AL LIMBII ROMÂNE

DICȚIONARELE ȘCOLARULUI

Editura ANDREAS

M.E. Iacobescu

Dicționar de PARONIME
AL LIMBII ROMÂNE

Include aproximativ 1.500 de perechi paronimice

DICȚIONARELE ȘCOLARULUI

Editura ANDREAS

Descrierea CIP a Bibliotecii Naționale a României
IACOBESCU, M.E.
Dicționar de Paronime al Limbii Române / M.E. Iacobescu
București: Andreas Print, 2013

ISBN 978-606-8271-46-0

© 2019, Editura **ANDREAS** print, București
*Toate drepturile asupra acestei ediții în limba română
sunt rezervate Editurii Andreas*

*Corectură: Laura Ivona Dumitru
Tehnoredactare și copertă: Gheorghe Dumitru*

Bun de tipar: *12.03.2019*; Coli de tipar: 16
Format: Z_6 (16/54x84 cm).

DIFUZOR EXCLUSIV:
IVO PRINT

*Petru Maior nr. 32, sector 1, București
Tel./Fax: 021.222.07.67
E-mail: ivo_print@yahoo.com
Site:* **www.editura-andreas.ro**

Tipar: ARTPRINT
Email: office@artprint.ro

Cuvânt înainte

Paronimele sunt cuvinte cu o formă aproape identică (*uneori diferind doar un singur sunet*), dar cu sensuri total diferite.

Criteriul după care o pereche de cuvinte e considerată a fi o pereche paronimică este cel al atracției (*confuzie paronimică*), vorbitorul folosind de regulă un cuvânt uzual, pe care doar aparent îl cunoaște și care este total nepotrivit în context, forma specială, specifică, fiindu-i necunoscută, majoritar din cauză că respectivul cuvânt a fost auditiv perceput eronat și nu a fost niciodată vizualizat (**prin lectură**!).

Drept paronime sunt considerate următoarele trei tipuri de perechi:

❖ *cuvinte alcătuite din același număr de foneme, dar deosebite prin metateza (modificare fonetică prin schimbarea locului sunetelor sau a silabelor dintr-un cuvânt) a cel mult două dintre ele*:

Exemple:

antinomie (*contradicție aparent insolubilă între două principii, teze etc. filozofice, care se exclud reciproc și care pot fi demonstrate, fiecare în parte, la fel de concludent*) în loc de **antonimie** (*raport între două antonime*);

barbiton (*instrument muzical asemănător cu lira, la vechii greci*) în loc de **barbotin** (*roată dințată care antrenează vinciul ancorelor sau șenila unor vehicule*);

cardan (*sistem de suspensie sau de articulație care permite uneia dintre părțile lui să-și păstreze o anumită poziție sau direcție, indiferent de mișcările suportului ei*) în loc de **cadran** (*suprafață* (de obicei circulară) *prevăzută cu anumite diviziuni, pe care se citesc indicațiile acului indicator al unui instrument de măsură, al unui ceasornic etc.*);

manej (*loc special unde se dresează sau se antrenează caii, unde se învață călăria etc.*) în loc de **menaj** (*conducere a treburilor casnice; activitatea gospodinei; gospodărie.*).

❖ *cuvinte cu foneme vocalice sau consonantice corelative*:
Exemple:
abuz (*încălcare a legalității;* (concr.) *faptă ilegală*) în loc de **obuz** (*proiectil de artilerie*);

adapta (*a transforma ceva pentru a corespunde anumitor cerințe*) în loc de **adopta** (*a înfia un copil*);

eminent (*care se distinge prin calități* (intelectuale) *deosebite; excepțional, superior, remarcabil, excelent*) în loc de **iminent** (*care este gata să se producă, să se întâmple* (și nu se poate amâna sau evita)*; inevitabil.*);

fard (*produs cosmetic pentru colorat fața, ochii și buzele*) în loc de **fart** (*unsoare pentru schiuri.*);

oral (*care se referă la gură, care aparține gurii; bucal*) în loc de **orar** (*care indică orele; făcând referire la ore; care se repetă în fiecare oră.*).

❖ *cuvinte cu un fonem în plus la unul dintre membrii perechii*:
Exemple:
abac (*instrument de calculat alcătuit dintr-un cadru cu vergele pe care se pot deplasa bile colorate*) în loc de **abacă** (*partea superioară a capitelului unei coloane care face legătura cu arhitrava*);

calmar (*gen de cefalopode comestibile, cu corpul alungit, cu înotătoarele triunghiulare și cu gura înconjurată de zece*) în loc de **calemar** (*călimară portativă în formă de toc, care se purta la brâu.*);
simula (*a face să pară adevărat ceva ireal; a da, în mod intenționat, o impresie falsă*) în loc de **stimula** (*a excita, activa*);
spic (*inflorescență caracteristică plantelor graminee, alcătuită din mai multe flori mici cu pedunculul scurt, dispuse pe o axă centrală lungă*) în loc de **aspic** (*produs alimentar preparat din carne, oase și cartilaje, fierte timp îndelungat în zeamă, care, după răcire, se încheagă, devenind gelatinos.*).

Unele dintre cele mai frecvente greșeli se fac (*în confuzia*):

Anual (*odată pe an*) în loc de **anuar** (*publicație care apare odată pe an*).

Atlas (*colecție de hărți*) în loc de **atlaz** (*țesătură*).

Caic (*navă mică, cu vele sau cu motor, cu prora și cu pupa înălțate*) în loc de **caiac** (*barcă pentru sport îngustă, ascuțită la capete, condusă cu padele*).

Calcan (*specie de pește de mare*) în loc de **calaican** (*sulfat de fier, de culoare verde*).

Compliment (*laudă făcută unei persoane*) în loc de **complement** (*parte secundară de propoziție care determină un verb, un adverb*).

Familiar (*intim, apropiat*) în loc de **familial** (*legat de familie*).

Mortal (*care poate provoca / provoacă moartea*) în loc de **mortar** (*material de construcție compus din var, nisip, ciment, apă*).

Opis (*listă de acte, registru*) în loc de **opús/ópus** (*invers / termen care denumește, împreună cu un număr de clasificare, o operă a unui compozitor, potrivit succesiunii cronologice a lucrărilor sale*).

Original (*deosebit, aparte*) în loc de **originar** (*de origine*).

Padelă (*vâslă prevăzută la capete cu câte o pală convexă*) în loc de **pedală** (*pârghie de comandă sau de antrenare a unui mecanism: bicicletă, mașină de cusut etc.*).

Trocar (*instrument chirurgical*) în loc de **troacar** (*pardesiu sau palton pentru femei, mai scurt*).

Index de abrevieri

Pentru ușurarea folosirii acestui Dicționar a fost nevoie să fie introduse în text abrevieri (*abrevierea fiind o prescurtare, o reducere în lungime sau în conținut a unui cuvânt sau a unei expresii comune, des folosite, ce poate folosi orice semne grafice sau sonore, din orice parte a unui cuvânt, expresii, idei, titlu, sunet, onomatopee*), foarte apropiată de conceptul de acronim (*cuvânt monosilabic sau disilabic, creat prin folosirea primei sau primelor litere ale cuvintelor care compun o sintagmă, o expresie, un titlu etc. – provenit din fr. Acronyme*), fără a fi însă identic cu acesta, deși ambele fac parte din aceeași familie largă a prescurtărilor, gramatica limbii române permițând însă „*egalarea*" acestora în categoria sinonimelor.

Lista abrevierilor, din acest Dicționar sau întâlnite uzual, oferite ca „*bonus*" bunului cititor:

- **a**. – ante
- **abr**. – abreviat, abreviere
- **absol**. – (*tranzitiv*) absolut
- **acc**. – accentuat
- **act**. – activ
- **acuz**. – acuzativ
- **adj**. – adjectiv
- **adj. dem**. – adjectiv demonstrativ
- **adj. interog**. – adjectiv interogativ
- **adj. rel**. – adjectiv relativ
- **adj. nehot**. – adjectiv nehotărât
- **adj. pos**. – adjectiv posesiv
- **adv**. – adverb
- **adv. interog**. – adverb interogativ
- **aeron**. – aeronautică
- **agric**. – agricultură
- **agron**. – agronomie
- **alb**. – limba albaneză
- **anat**. – anatomie
- **aor**. – aorist

- **apic.** – apicultură
- **arg.** – argotic
- **arh.** – arhaizant, arhaic
- **arheol.** – arheologie
- **arhit.** – arhitectură
- **arom.** – aromână
- **art.** – articol; articulat
- **art. adj.** – articol adjectival
- **art. hot.** – articol hotărât
- **art. nehot.** – articol nehotărât
- **art. pos.** – articol posesiv
- **astron.** – astronomie
- **bg.** – limba bulgară
- **biochim.** – biochimie
- **biol.** – biologie
- **bis.** – termen bisericesc
- **bot.** – botanică
- **ceh.** – limba cehă
- **cf.** – confer
- **chim.** – chimie
- **cib.** – cibernetică
- **cin.** – cinema; cinematografie
- **concr.** – concretizat
- **conj.** – conjuncție
- **constr.** – construcții
- **cont.** – contabilitate
- **cor.** – coregrafie
- **cosm.** – cosmografie; cosmologie
- **cuv.** – cuvânt
- **cuv. am.** – cuvânt american
- **cuv. autoht.** – cuvânt autohton
- **dat.** – dativ
- **depr.** – depreciativ
- **dial.** – dialect(al)
- **dem.** – demonstrativ
- **din.** – dinari
- **drom.** – dacoroman
- **ebr.** – limba ebraică
- **ec.** – economie
- **ec. pol.** – economie politică
- **electron.** – electronică
- **elt.** – electrotehnică
- **engl.** – limba engleză
- **engl. am.** – engleză americană
- **entom.** – entomologie
- **esper.** – limba esperanto
- **est.** – estoniană
- **et. nec.** – etimologie necunoscută
- **expr.** – expresie
- **etc.** – etcetera („*și celelalte lucruri*")
- **etnol.** – etnologie
- **f.** – feminin
- **fact.** – (*tranzitiv*) factitiv
- **fam.** – familiar

INDEX DE ABREVIERI

- **farm.** – farmacie; farmacologie
- **fig.** – figurat
- **fil.** – filozofie
- **filol.** – filologie
- **fin.** – finanțe
- **fiz.** – fizică
- **fiziol.** – fiziologie
- **fon.** – fonetică; fonologie
- **fot.** – fotografie
- **fr.** – limba franceză
- **gen.** – genitiv
- **geogr.** – geografie
- **geol.** – geologie
- **geom.** – geometrie
- **ger.** – gerunziu
- **germ.** – limba germană
- **gr.** – limba greacă
- **gram.** – gramatică
- **hort.** – horticultură
- **Hr.** – Hristos
- **iht.** – ihtiologie
- **imper.** – imperativ
- **imperf.** – imperfect
- **impers.** – (*verb*) impersonal
- **impr.** – impropriu
- **ind.** – industrie
- **indic.** – indicativ
- **inf.** – infinitiv
- **inform.** – informatică
- **interj.** – interjecție
- **interog.** – interogativ
- **intranz.** – intranzitiv
- **invar.** – invariabil
- **ir.** – ironic
- **ist.** – istorie
- **it.** – limba italiană
- **înv.** – învechit
- **jap.** – limba japoneză
- **jur.** – științe juridice
- **lat.** – limba latină
- **lat. lit.** – neologism din limba latină
- **lat. med.** – limba latină medievală
- **lat. pop.** – limba latină populară
- **lingv.** – lingvistică
- **lit.** – literatură; literar
- **livr.** – livresc
- **loc.** – locuțiune
- **loc. adj.** – locuțiune adjectivală
- **loc. adv.** – locuțiune adverbială
- **loc. conj.** – locuțiune conjuncțională
- **loc. prep.** – locuțiune prepozițională
- **loc. vb.** – locuțiune verbală
- **log.** – logică

- **m.** – masculin
- **magh.** – limba maghiară
- **mar.** – marină
- **mat.** – matematică
- **mec.** – mecanică
- **med.** – medicină
- **med. vet.** – medicină veterinară
- **met.** – meteorologie
- **mil.** – termen militar
- **min.** – mineralogie; minerit
- **mitol.** – mitologie
- **m.m.ca perf.** – mai mult ca perfectul
- **muz.** – muzică
- **n.** – neutru
- **N.B.** – nota bene
- **ngr.** – limba neogreacă
- **nom.** – nominativ
- **num. pr.** – nume predicativ
- **n.pr.** – nume propriu
- **num.** – numeral
- **num. adv.** – numeral adverbial
- **num. card.** – numeral cardinal
- **num. col.** – numeral colectiv
- **numism.** – numismatică
- **num. multipl.** – numeral multiplicativ
- **num. nehot.** – numeral nehotărât
- **num. ord.** – numeral ordinal
- **opt.** – optică
- **ornit.** – ornitologie
- **pg. / pag.** – pagină
- **p.** – post
- **part.** – participiu
- **pas.** – pasiv
- **peior.** – peiorativ
- **perf. c.** – perfect compus
- **perf. s.** – perfect simplu
- **pers.** – persoană
- **p. ext.** – prin extensiune
- **p. gener.** – prin generalizare
- **pict.** – pictură
- **pl.** – plural
- **pol.** – limba poloneză
- **pop.** – popular
- **port.** – limba portugheză
- **postp.** – postpoziție
- **pp.** – pagină și postpagină / postpaginile
- **pr.** – pronunțat
- **pref.** – prefix
- **prep.** – prepoziție
- **p. restr.** – prin restricție
- **prez.** – prezent

- **prez. conj**. – prezent conjunctiv
- **prez. ind**. – prezent indicativ
- **pron**. – pronume
- **pron. dem**. – pronume demonstrativ
- **pron. interog**. – pronume interogativ
- **pron. rel**. – pronume relativ
- **pron. întăr**. – pronume de întărire
- **pron. neg**. – pronume negativ
- **pron. nehot**. – pronume nehotărât
- **pron. per**. – pronume personal
- **pron. pos**. – pronume posesiv
- **pron. refl**. – pronume reflexiv
- **prt**. – partitiv
- **psih**. – psihologie
- **rad**. – radio; radiofonie
- **refl**. – reflexiv
- **refl. impers**. – reflexiv impersonal
- **refl. pas**. – reflexiv pasiv
- **refl. recipr**. – reflexiv reciproc
- **refl. unipers**. – reflexiv unipersonal
- **reg**. – regional
- **rom**. – limba română
- **rrom**. – limba rromani
- **rus**. – limba rusă
- **s**. – substantiv
- **săs**. – dialectul săsesc
- **sb**. – limba sârbă
- **sec**. – secolul
- **s.f**. – substantiv feminin
- **sg**. – singular
- **sic**. – dialectul sicilian
- **silv**. – silvicultură
- **sl**. – limba slavă (*veche*)
- **slov**. – limba slovenă
- **s.m**. – substantiv masculin
- **s.n**. – substantiv neutru
- **sp**. – limba spaniolă
- **spec**. – prin specializare
- **sued**. – limba suedeză
- **suf**. – sufix
- **șt. nat**. – științele naturii
- **ș.a**. – și alții /altele (*numai după nume de persoane*)
- **ș.a.m.d**. – și așa mai departe
- **tăt**. – limba tătară
- **tc**. – limba turcă
- **tehn**. – tehnică
- **tel**. – televiziune

- **teol**. – teologie
- **text**. – industrie textilă
- **tipogr**. – tipografie
- **top**. – topografie
- **tr**. – trecut
- **tranz**. – tranzitiv
- **tipo**. – tipografic(*ă*)
- **țig**. – limba țigănească
- **ucr**. – limba ucraineană
- **unipers**. – (*verb*) unipersonal
- **urb**. – urbanistică
- **v**. – vezi
- **v.c**. – vezi cuvintele
- **v**. (+ *limbă*) – vechi
- **var**. – variantă
- **vb**. – verb
- **viit**. – viitor
- **v. intranz**. – verb intranzitiv
- **v. refl**. – verb reflexiv
- **v. tranz**. – verb tranzitiv
- **voc**. – vocativ
- **zoo**. – zoologie

ABAC (*s.n.*) – Instrument de calculat alcătuit dintr-un cadru cu vergele pe care se pot deplasa bile (colorate); Tabel sau diagramă care permite rezolvarea imediată a unor calcule.

ABACĂ (*s.f.*) – (ARHIT.) Partea superioară a capitelului unei coloane care face legătura cu arhitrava.

❋

ABAȚIE (*s.f.*) – Mânăstire catolică cu statut special (împreună cu averea și domeniile ei), condusă de un abate sau o abatesă, depinzând fie de un episcop fie direct de Papă.

ABAZIE (*s.f.*) – (MED.) Tulburare nervoasă manifestată prin necoordonarea mișcărilor în mers, datorată disfuncției aparatului vestibular.

❋

ABCES (*s.m.*) – Acumulare de puroi, bine delimitată de țesuturile din jur printr-o membrană de țesut conjunctiv.

ACCES (*s.m.*) – **1.** Ansamblu de tulburări clinice ale organismului care se manifestă brusc, în stare de sănătate aparentă, și care se repetă, de obicei, la intervale imprevizibile. **2.** Izbucnire violentă, de scurtă durată și mare intensitate, a unei stări sufletești. **3.** Posibilitate de a pătrunde; dreptul de a ajunge până într-un loc sau până la o persoană. **4.** Intrare.

❋

ABIL (*adj.*) – Îndemânatic, iscusit, priceput, dibaci.

AGIL (*adj.*) – Care se mișcă ușor și repede; vioi, sprinten.

✻

ABLAȚIUNE (*s.f.*) – **1.** Transportare, prin acțiunea vântului, a apelor, a ghețarilor a materialului rezultat în urma dezagregării solului sau a rocilor. **2.** Îndepărtare chirurgicală a unui organ, tumori etc.
ABLUȚIUNE (*s.f.*) – Spălare rituală a corpului, spre purificarea acestuia, recomandată de unele religii.

✻

ABDUCȚIE (*s.f.*) – Mișcare realizată de un mușchi abductor.
ADUCȚIE (*s.f.*) – **1.** Construcție hidrotehnică ce servește la transportarea unui fluid de la punctul de captare până la cel de folosire. **2.** Mișcare realizată de un mușchi aductor.

✻

ABORDA (*vb.*) – **1.** (făcând referire la nave) A acosta la țărm. A se alipi de o altă navă, bord la bord (pentru a o ataca). **2.** A începe studierea unei probleme, a trata o problemă, a începe o discuție. **3.** A se apropia de cineva pentru a-i vorbi.
ACORDA (*vb.*) – **1.** A da (cu îngăduință, cu grijă, cu atenție, cu bunăvoință); a oferi; a atribui. **2.** A stabili acordul gramatical. **3.** A regla frecvența unui aparat, a unui sistem fizic etc., astfel încât să fie egală cu frecvența altui aparat, sistem fizic etc. **4.** A aduce sunetele unui instrument muzical la înălțimea corectă.

✻

ABROGA (*vb.*) – A anula o lege, un act normativ.
AROGA (*vb.*) – A–și atribui în mod abuziv o calitate, un drept.

✻

ABUZ (*s.n.*) – Încălcare a legalității; (*concr.*) faptă ilegală. **2.** „Abuz de putere" = delict săvârșit de cineva prin depășirea atribuțiilor sale; „Abuz de încredere" = înșelăciune care constă din însușirea ilegală, înstrăinarea sau refuzul de restituire a unui obiect încredințat spre păstrare sau spre utilizare; „Abuz de drept" = delict care constă în exercitarea unui drept cu nesocotirea scopului său social-economic; Întrebuințare fără măsură a unui lucru; exces. **3.** (*loc. adv.*) „Prin abuz" = abuziv, exagerat. **4.** (*rar*) Eroare care constă din exagerarea unui fapt, a unei păreri etc.

OBUZ (*s.n.*) – Proiectil de artilerie.

✻

ABUZIV (*adj.*) – **1.** Exagerat, excesiv. **2.** (făcând referire la acțiunile omului) Arbitrar, ilegal.

ALUZIV (*adj.*) – Cu aluzii.

ABSENT (*adj.*) – **1.** Care nu este fizic de față, care lipsește. **2.** (*fig.*) Care nu este atent la ce se petrece în jurul lui; distrat.

ABSINT (*s.m.*) – **1.** Băutură alcoolică tare, de culoare verde, cu gust amar, preparată cu uleiuri eterice de pelin, anason și alte plante aromatice. **2.** Porție de absint.

✻

ABSIDĂ (*s.f.*) – **1.** Nișă semicirculară sau poligonală care închidea nava centrală a unei bazilici romane. **2.** Încăpere semicirculară destinată altarului în bisericile creștine.

APSIDĂ (*s.f.*) – Fiecare din cele două puncte extreme ale axei mari a orbitei pe care un corp ceresc o descrie în jurul altui

ABSORBA
(*s.n.*) Sub

soarbe lichide sau vapori. **2.** (*adj.*) (*fig.*) Care interesează, care captivează. **3.** (*s.n.*) Corp pe suprafața căruia se fixează o substanță prin absorbție.

ADSORBANT (*s.n.*) – Corp pe suprafața căruia se fixează o substanță prin adsorbție.

❊

ABSORBI (*vb.*) – **1.** A suge, a înghiți, a încorpora o substanță. **2.** (*fig.*) A preocupa în mod intens; a captiva, a vrăji.

ADSORBI (*vb.*) – (făcând referire la substanțe) A se produce o adsorbție.

❊

ABSORBȚIE (*s.f.*) – **1.** Fenomen fizic prin care un corp solid sau lichid încorporează prin difuzie din afară o substanță oarecare. **2.** Proces de pătrundere a apei, a substanțelor minerale și organice, precum i a gazelor în celulele or- nismului.

ADSORBȚIE (*s.f.*) – Fixare și acumulare a moleculelor unui gaz sau ale unui lichid pe suprafața unui corp solid.

❊

ABDUCTOR (*adj.*) – În sintagma „Mușchi abductor" = Mușchi care îndepărtează un membru sau un segment de membru de axul median al corpului.

ADUCTOR (*adj.*) – În sintagma „Mușchi aductor" = Mușchi care apropie un membru de planul de simetrie al corpului sau două organe unul de celălalt.

❊

ABJUDECA (*vb.*) – A anula, a suspenda un drept, un titlu etc. printr-o hotărâre judecătorească.

ADJUDECA (*vb.*) – A atribui un bun scos la licitație persoanei care oferă prețul cel mai mare.

❋

ACAR (*s.m.*) – Muncitor feroviar care manipulează dispozitivele de acționare a acelor de macaz.

AVAR (*adj./s.m.*) – **1.** (*adj.*) Om zgârcit. **2.** (*s.m.*) Persoană care aparține unei populații turcice așezate în Câmpia Panoniei, la începutul Evului Mediu.

❋

ACOLIT (*s.m.*) – Persoană care urmează, care ajută pe cineva; persoană care urmează îndeaproape ideile cuiva.

ACONIT (*s.m.*) – (BOT.) Omag.

❋

ACROMICRIE (*s.f.*) – Stare patologică manifestată prin oprirea din creștere a capului și a membrelor, din cauza unui dereglaj hormonal al hipofizei.

ACROMIE (*s.f.*) – Decolorare congenitală a pielii, ca urmare a dispariției pigmentului colorat.

❋

ACRU (*adj.*) – **1.** Care are gustul lămâii, al oțetului etc. **2.** (*fig.*) Morocănos, ursuz.

OCRU (*s.n.*) – **1.** Varietate de argilă de culoare galbenă, roșie, brună etc, folosită ca pigment la realizarea unor vopsele. **2.** (adesea adjectival) Culoare galbenă-brună.

❋

ACTINIE (*s.f.*) – Animal de mare din încrengătura celenteratelor.

ACTINIU (*s.n.*) – Element chimic radioactiv.

❋

ACTUAL (*adj.*) – Care există, care se petrece în momentul de față.

ACTUAR (*s.m.*) – Specialist în calcule statistice.

❋

ACUITATE (*s.f.*) – (LIVR.) Capacitate a organelor de simț de a percepe excitații oricât de slabe și de a diferenția excitații foarte asemănătoare între ele; agerime.

ANUITATE (*s.f.*) – Sumă de bani care se plătește periodic spre a rambursa un capital sau o datorie.

❋

ACUT (*adj.*) – **1.** Ascuțit, pătrunzător. **2.** (făcând referire la boli) Cu evoluție rapidă, cu caracter de criză.

AVUT (*adj.*/s.) – **1.** (*adj.*) Care are o stare materială foarte bună. **2.** (*s.n.*) Avere.

❋

ADAGIO (*adv.*) – (indică modul de executare a unei bucăți muzicale) în tempo lent.

ADAGIU (*s.n.*) – (*livr.*) Maximă, aforism.

❋

ADAPTA (*vb.*) – A transforma pentru a corespunde anumitor cerințe; a ajusta, a potrivi.

ADOPTA (*vb.*) – **1.** A înfia un copil. **2.** A-și însuși un punct de vedere sau comportamentul cuiva, a accepta o părere etc.

❋

ADIȚIE (*s.f.*) – (CHIM.) Adăugare.

AUDIȚIE (*s.f.*) – **1.** Faptul de a asculta muzică. **2.** Manifestare muzicală de mai mică amploare decât concertul.

❋

ADITIV (*adj.*/s.) – **1.** (*adj.*) (MAT.) Făcând referire la o operație de adunare. **2.** (*s.m.*) Substanță care se adaugă la un ulei mineral pentru a-i ameliora proprietățile sau pentru a obține noi calități.

AUDITIV (*adj.*) – Care aparține auzului, privitor la auz.

ADNAT (*adj.*) – (BOT.) (făcând referire la părți ale plantei) Crescut pe ceva, care se adaugă.

AGNAT (*s.m.*) – (JUR.) Rudă în linie paternă.

❈

ADOPTARE (*s.f.*) – Acțiunea de a adopta.

ADAPTARE (*s.f.*) – Acțiunea de a (se) adapta și rezultatul ei.

❈

ADULA (*vb.*) – A linguși, a flata pe cineva.

ADUNA (*vb.*) – A strânge la un loc ceea ce se află răspândit, risipit.

❈

ADVERS (*adj.*) – **1.** Așezat în față, opus. **2.** (*fig.*) Potrivnic, ostil.

AVERS (*s.m.*) – (în opoziție cu revers) Fața unei monede sau a unei medalii.

❈

AERAT (*adj.*) – (făcând referire la lichide) Tratat prin introducere de aer.

AFERAT (*adj.*) – Care are sau care pare că are multe treburi, că este foarte ocupat.

❈

AFAZIE (*s.f.*) – (MED.) Pierdere totală sau parțială a înțelegerii și a posibilității de a reda cuvintele, ca urmare a unei leziuni cerebrale; disfazie; alalie.

AFRAZIE (*s.f.*) – (MED.) Dificultate în însușirea corectă, gramaticală a cuvintelor în frază.

❈

AFECT (*s.n.*) – **1.** Reacție emoțională, puternică și de scurtă durată. **2.** (în sens larg) Denumire generică pentru stările sau reacțiile afective.

AFET (*s.n.*) – Suport pe care se fixează țeava unui tun.

❈

AFION (*s.n.*) – Suc cu proprietăți narcotice extras de regulă din macul de grădină.

AFON (*s.m.*) – Persoană care suferă de afonie; persoană care nu poate cânta corect, care nu are voce.

❊

AFLUX (*s.m.*) – **1.** Afluență, îngrămădeală, îmbulzeală. **2.** Acumulare a unui lichid într-o parte a corpului.

EFLUX (*s.m.*) – Scurgere de fluid dintr-o masă (de fluid) care se găsește în stare de repaus sau în mișcare.

❊

AFONIE (*s.f.*) – Imposibilitatea de a vorbi ca urmare a lezării laringelui sau a nervilor acestuia.

AGONIE (*s.f.*) – Stare a organismului care precede moartea.

❊

AGAVĂ (*s.f.*) – Nume dat mai multor plante ornamentale, cu frunze lungi până la doi metri, originare din America.

AGAPĂ (*s.f.*) – Ospăț cu caracter intim, prietenesc.

❊

AGREA (*vb.*) – A vedea cu ochi buni pe cineva.

AGREGA (*vb.*) – (făcând referire la elemente) A se uni într-un tot; a se lipi.

❊

AJUSTAJ (*s.n.*) – (TEHN.) Relație între dimensiunile a două piese care se asamblează prin întrepătrundere.

AJUTAJ (*s.n.*) – (TEHN.) Tub scurt, realizat astfel încât curgerea fluidelor să se producă în fiecare secțiune la presiunile sau vitezele dorite.

❊

ALABASTRU (*s.n.*) – Varietate de gips, folosit la rea-

lizarea unor obiecte ornamentale.
ALBASTRU (*adj.*) – Care are culoarea cerului senin.

❋

ALBINISM (*s.n.*) – Anomalie congenitală manifestată prin culoarea albicioasă a pielii și a părului și uneori prin culoarea roșiatică a irisului.
ALPINISM (*s.n.*) – Ramură sportivă care cuprinde ascensiunile în munți, în special escaladarea părților greu accesibile ale acestora.

❋

ALEGRU (*adj.*) – (făcând referire la o melodie) Vioi, sprinten.
ALLEGRO (*adv.*) – (făcând referire la modul de executare a unei bucăți muzicale) În tempo vioi, alert.

❋

ALERGIE (*s.f.*) – (MED.) Mod special de a reacționa al organismului sub acțiunea unor microbi sau a unor substanțe străine introduse în acesta pe căi variate (digestivă, respiratorie, injecții etc.).
ANERGIE (*s.f.*) – **1.** Pierdere a capacității de reacție a organismului față de antigenii unei anumite boli. **2.** Energie termică corespunzătoare unui sistem fizic în echilibru termodinamic cu mediul înconjurător.

❋

ALIAS (*adv.*) – Zis și..., numit și...
ALIAT (*adj.*) – Întovărășit cu cineva printr-o alianță în vederea realizării unei acțiuni comune.

❋

ALIENA (*vb.*) – A transmite cuiva un drept, un lucru prin vânzare etc.; a înstrăina.
ALINA (*vb.*) – A (se) liniști, a (se) potoli, a (se) domoli.

ALINIAT (*adj.*) – **1.** Care este așezat în linie dreaptă. **2.** (făcând referire la țări) Care aparține unei grupări constituite pe baza unui tratat.

ALINEAT (*s.m.*) – **1.** Rând retras într-un text pentru a marca schimbarea ideii; fragment de text care începe cu un asemenea rând. **2.** Pasaj în articole de legi.

❋

ALIZEU (*s.n.*) – Vânt regulat care suflă în tot cursul anului în zonele tropicale.

ELIZEU (*s.n.*) – Loc unde, în vechime, se credea că se duc sufletele celor virtuoși.

❋

ALTERA (*vb.*) – A suferi sau a face să sufere transformări sub acțiunea mediului extern; a (se) descompune; a (se) strica.

ALTERNA (*vb.*) – A reveni sau a face să revină succesiv, a se succeda sau a face să se succeadă la intervale de timp relativ egale.

❋

ALTIST (*s.m.*) – Persoană care are voce de alto.

ARTIST (*s.m.*) – Persoană talentată care lucrează în mod creator într-un domeniu al artei.

❋

ALAUN (*s.n.*) – Sulfat dublu al unui metal trivalent și al unui metal monovalent.

ALUN (*s.m.*) – Arbore cu frunze rotunde, păroase pe dos și cu fructe comestibile.

❋

ALAMĂ (*s.f.*) – Aliaj de cupru și zinc, galben-auriu, ușor de prelucrat, cu numeroase întrebuințări în industrie.

ARAMĂ (*s.f.*) – Metal de culoare roșiatică, foarte maleabil și bun conductor electric; cupru.

❋

ALĂMIU (*adj.*) – De culoarea alamei.
ARĂMIU (*adj.*) – De culoarea aramei.

※

ALOCUȚIUNE (*s.f.*) – Scurtă cuvântare ocazională.
ELOCUȚIUNE (*s.f.*) – **1.** Mod de a exprima gândirea prin cuvinte. **2.** Selectarea și ordonarea cuvintelor într-un discurs.

※

ALTERAȚIE (*s.f.*) – **1.** Procedeu prin care se modifică, cu ajutorul unor semne convenționale, înălțimea sunetelor. **2.** Semn pus înaintea unei note muzicale, care indică modificarea înălțimii unui sunet; accident.
ALTERCAȚIE (*s.f.*) – (LIVR.) Schimb violent de cuvinte între două sau mai multe persoane.

※

ALTITUDINE (*s.f.*) – Înălțime a unui punct de pe suprafața pământului, considerată în raport cu nivelul mării sau față de un alt punct de pe suprafața terestră.
APTITUDINE (*s.f.*) – Însușire psihică individuală care condiționează îndeplinirea în bune condiții a unei munci, a unei acțiuni; aplicație, înclinație, dar.

※

ALUZIE (*s.f.*) – Cuvânt, expresie, frază prin care se face referire la o persoană, la o situație, fără a o exprima direct.
ILUZIE (*s.f.*) – **1.** Percepție falsă a unui obiect prezent înaintea ochilor, determinată de legile de formare a percepțiilor sau de anumite stări psihice. **2.** Situație în care o aparență este considerată drept rea-

litate; speranță neîntemeiată.

✱

AMATOR (*s.m./adj.*) – **1.** Persoană căreia îi place ceva, care are pasiune pentru ceva. **2.** Persoană care se ocupă cu o meserie, cu o artă etc, fără a o exercita ca profesionist; diletant.
ARMATOR (*s.m.*) – Persoană care armează o navă; proprietar al unei nave.

✱

AMAR (*adj.*/s.) – (*adj.*) **1.** (făcând referire la alimente, băuturi) Care are gustul fierii, al pelinului. **2.** (*fig.*) Chinuitor, dureros. **3.** (*s.n.*) Jale, tristețe.
AMNAR (*s.n.*) – Bucată de oțel cu care se lovește cremenea spre a scoate scântei.

✱

AMIDOL (*s.n.*) – Substanță folosită ca developator în fotografie.

AMIDON (*s.n.*) – Substanță organică prezentă în semințele, fructele și tuberculele plantelor, folosită în industria alimentară etc.

✱

AMILAZĂ (*s.f.*) – Substanță produsă de pancreas, care, în timpul digestiei, transformă amidonul în maltoză și glucoză.
AMIDAZĂ (*s.f.*) – Enzimă care desface legătura dintre carbon și azot din diferite substanțe, fixând elementele apei.

✱

AMONIAC (*s.n.*) – Gaz incolor, cu miros înțepător, înecăcios, folosit la fabricarea îngrășămintelor azotoase, a explozivelor etc.
AMONIAT (*s.n.*) – Combinație a amoniacului cu un oxid metalic.

✱

AMPUTA (*vb.*) – **1.** A tăia pe cale chirurgicală (sau a pierde accidental) un membru al corpului sau un segment de membru. **2.** (*fig.*) A elimina o parte dintr-o operă, dintr-un discurs etc.

IMPUTA (*vb.*) – **1.** A (i se) reproșa, a (i se) atribui cuiva fapte, atitudini, gesturi nepotrivite, condamnabile. **2.** A face pe cineva răspunzător de o pagubă adusă unei instituții, întreprinderi (unde lucrează), obligându-l la despăgubiri.

✵

AMUȚI (*vb.*) – A pierde facultatea de a vorbi; (*fig.*) a înceta de a vorbi.

ASMUȚI (*vb.*) – A îndemna un câine să urmărească, să atace pe cineva; (*fig.*) A stârni, a instiga un om la acțiuni violente.

✵

ANAFORĂ (*s.f.*) – Procedeu stilistic care constă în repetarea aceluiași cuvânt la începutul mai multor propoziții sau fraze, pentru a accentua o idee sau pentru a obține o simetrie.

ANAFURĂ (*s.f.*) – Bucățele de pâine care se împart la liturghia ortodoxă.

✵

ANCIE (*s.f.*) – Lamă elastică fixată în muștiucul unui instrument de suflat pentru a produce sunete sau pentru a le intensifica.

UNCIE (*s.f.*) – Veche unitate de măsură pentru greutăți, a cărei valoare varia între 28 și 35 de grame.

✵

ANERGIE (*s.f.*) – Lipsă de reacție a organismului la atingeri.

ALERGIE (*s.f.*) – (MED.) Mod special de a reacționa al organismului sub acțiunea unor microbi sau a unor substanțe străine introduse în organism pe diverse căi.

✵

ANDROGEN (*adj.*) – Care se referă la caracterele sexuale masculine, care provoacă în organism modificări cu caracter masculinizat.

ANDROGIN (*s./adj.*) – **1.** (*s.m.*) (BOT.) Floare care are atât androceu, cât și gineceu. **2.** (*adj.*) (ZOOL.) Hermafrodit.

❋

ANGHILĂ (*s.f.*) – Pește migrator care are corpul în formă de șarpe.

ANGHINĂ (*s.f.*) – Inflamație a faringelui și a amigdalelor care împiedică înghițirea și respirația.

❋

ANIMA (*vb.*) – A (se) face mai activ sau mai expresiv, a da sau a căpăta mai multă viață.

ANINA (*vb.*) – **1.** (*pop.*) A agăța. **2.** (*fig.*) A se agăța de cineva, a nu-i da pace.

❋

ANODIC (*adj.*) – Care ține de anod.

ANODIN (*adj.*) – Fără importanță, fără valoare.

❋

ANSĂ (*s.f.*) – **1.** Toartă curbată în formă de arc la un vas, la un coș etc. **2.** Formație anatomică în formă de toartă sau de laț. **3.** Fir de platină terminat cu un laț, care servește la însămânțări de germeni în diferite medii de cultură.

HANSĂ (*s.f.*) – Asociație, companie comercială occidentală în Evul Mediu.

❋

ANUNȚ (*s.m.*) – Înștiințare, de obicei scrisă și expusă public, cuprinzând informații de interes general; aviz.

ENUNȚ (*s.m.*) – Formulare a datelor unei probleme, a unei judecăți; formulă prin care se exprimă ceva.

❋

ANTILOGIE (*s.f.*) – Contradicție între două idei sau între două expresii.

ANTOLOGIE (*s.f.*) – Culegere de lucrări reprezentative, alese dintr-una sau mai multe opere ale unui autor sau ale mai multora.

❋

ANTOLOGIC (*adj.*) – De antologie; reprezentativ.

ONTOLOGIC (*adj.*) – Care aparține ontologiei; făcând referire la ontologie.

❋

ANTIC (*adj.*) – Care a existat în trecutul îndepărtat sau datează de atunci.

ATIC (*adj.*) – Caracteristic Aticii antice sau locuitorilor ei.

❋

ANTINOMIC (*adj.*) – Care se referă la antinomie.

ANTONIMIC (*adj.*) – Care se află în raport de antonimie; făcând referire la antonimie.

ANTINOMIE (*s.f.*) – Contradicție aparent insolubilă între două principii, teze etc. filozofice, care se exclud reciproc și care pot fi demonstrate, fiecare în parte, la fel de concludent.

ANTONIMIE (*s.f.*) – Raport între două antonime.

❋

ANTREN (*s.n.*) – Însuflețire, vioiciune, animație.

ANTREU (*s.n.*) – Prima încăpere, de mici dimensiuni, prin care se pătrunde într-o locuință, venind de afară.

❋

ANUAL (*adj.*) – **1.** Care are loc odată pe an. **2.** Care durează un an sau care corespunde unui an.

ANUAR (*s.n.*) – Publicație periodică anuală care prezintă activitatea unei instituții.

❋

APOGEU (*s.m.*) – **1.** Punct culminant în dezvoltarea

unui fenomen, a unei acțiuni etc. **2.** Punctul cel mai depărtat de pământ la care se află un astru pe orbita sa.

EPIGEU (*adj.*) – (făcând referire la animale, plante) Care trăiește, care crește la suprafața solului.

❈

APĂRIE (*s.f.*) – Apă multă; apăraie.

APORIE (*s.f.*) – Dificultate de natură rațională greu sau imposibil de rezolvat.

❈

APERTURĂ (*s.f.*) – (FON.) Grad de deschidere a canalului fonator în timpul emiterii sunetelor.

APRETURĂ (*s.f.*) – Apretare.

❈

APOSTROF (*s.n.*) – Semn ortografic în formă de virgulă, care marchează absența accidentală în rostire a unor sunete.

APOSTROFĂ (*s.f.*) – Imputare, mustrare adresată cuiva.

❈

APROPIA (*vb.*) – **1.** A se deplasa în spațiu tot mai aproape de ceva sau de cineva. **2.** A fi aproape de un interval de timp, de un moment etc.

APROPRIA (*vb.*) – **1.** A-și însuși un lucru străin. **2.** A face ca un lucru să fie potrivit cu un anumit scop.

❈

APTITUDINE (*s.f.*) – Însușire psihică individuală care condiționează îndeplinirea în bune condiții a unei activități, a unei munci etc.

ATITUDINE (*s.f.*) – **1.** Ținută sau poziție a corpului. **2.** Fel de a fi sau de a se comporta.

❈

ARAB (*s.m.*) – Persoană care face parte din populația arabă.

ARAP (*s.m.*) – Persoană care face parte dintr-o populație africană negroidă.

❈

ARAHIDE (*s.f.*) – **1.** Plantă tropicală al cărei fruct comestibil se formează în sol și este foarte bogat în ulei. **2.** Fructul acestei plante; alună de pământ; alună americană.

ARAHNIDE (*s.f.*) – (*pl.*) Clasă de animale nevertebrate, cuprinzând păianjenii, scorpionii etc. (la *sg. arahnidă*) Animal din această clasă.

❋

ARĂBOAICĂ (*s.f.*) – Femeie care face parte din populația arabă.

ARĂPOAICĂ (*s.f.*) – (POP.) Femeie care face parte dintr-o populație africană negroidă.

❋

ARBITRAL (*adj.*) – (JUR.) Hotărât de arbitru.

ARBITRAR (*adj.*) – **1.** Care pornește dintr-o decizie luată după propria apreciere, fără a ține cont de părerile altora, de adevăr etc. **2.** Care este făcut, ales etc. la întâmplare.

❋

ARCADE (*s.f.*) – **1.** Element arhitectural format din unul sau din mai multe arce și din elementele care le susțin (coloane, stâlpi, ziduri). **2.** Formație anatomică în formă arcuită. **3.** (ANAT.) Proeminență curbă la baza osului frontal, situată deasupra fiecărei orbite.

ARCANE (*s.m.*) – **1.** (LIVR.) Taină, secret; loc tainic, ascuns. **2.** Lațuri folosite pentru prinderea sau pentru priponirea animalelor, în special a vitelor. **3.** Lațuri folosite pe vremuri pentru luarea la oaste a flăcăilor.

❋

ARCOZĂ (*s.f.*) – Gresie foarte bogată în feldspați.

NARCOZĂ (*s.f.*) – Stare caracterizată prin pierderea cunoștinței, relaxare musculară, diminuarea sensibilității și a reflexelor, provocată artificial prin acțiunea substanțelor narcotice asupra centrilor nervoși, în special în intervențiile chirurgicale.

❋

ARENĂ (*s.f.*) – **1.** Spațiu acoperit cu nisip, rumeguș etc, din mijlocul unui amfiteatru antic, unde se desfășurau reprezentațiile. **2.** Teren de sport, înconjurat cu tribune pentru spectatori.

ARENDĂ (*s.f.*) – **1.** Cedare temporară a dreptului de exploatare a unui bun, în schimbul unei plăți. **2.** Sumă plătită de arendaș proprietarului pentru arendarea unui bun.

❋

ARGAT (*s.m.*) – Servitor, slugă angajată (în trecut) pentru muncile agricole, creșterea vitelor sau pentru muncile din gospodăria stăpânului.

ARMAT (*adj.*) – **1.** (făcând referire la conflicte) Însoțit de acțiuni militare, de ciocniri războinice. Insurecție armată. „Forță (sau putere) armată" = armată. **2.** Prevăzut cu o armătură. Beton armat.

❋

ARGON (*s.n.*) – Gaz rar, incolor și inodor, care se găsește în atmosferă și care e folosit la umplerea unor becuri electrice.

ARGOU (*s.n.*) – Limbaj convențional, folosit mai ales de vagabonzi, pentru a nu fi înțeleși de restul societății.

❋

ARIN (*s.m.*) – Nume dat mai multor specii de arbori cu frunze ovale, dințate și cu flori verzui-roșietice.

ASIN (*s.m.*) – Măgar.

❋

ARHIVIST (*s.m.*) – Specialist în arhivistică.

ARIVIST (*s.m.*) – Persoană care caută să parvină la o situație în societate prin mijloace necinstite.

❈

ARITMOGRAF (*s.m.*) – Aparat care efectuează și înregistrează mecanic operații aritmetice.

ARITMOGRIF (*s.m.*) – Joc de cuvinte încrucișate, la care literele cuvintelor căutate sunt reprezentate fiecare prin câte o cifră.

❈

ARTERITĂ (*s.f.*) – Boală care constă în inflamarea unei artere.

ARTRITĂ (*s.f.*) – Boală care constă în inflamarea articulațiilor în urma unei infecții microbiene.

❈

ARTICULAR (*adj.*) – Privitor la articulațiile corpului.

ARTICULAT (*adj.*) – (făcând referire la sunete, cuvinte etc.) Pronunțat deslușit, clar.

❈

ARTIZANAL (*adj.*) – Privitor la artizani sau la artizanat.

ARTIZANAT (*s.n.*) – Meșteșug practicat cu artă; magazin în care se vând produse de artizanat.

❈

ARȚAG (*s.n.*) – (POP. ȘI FAM.) Pornire spre ceartă.

ARȚAR (*s.m.*) – Arbore cu lemnul alb și tare, înrudit cu paltinul.

❈

ASCĂ (*s.f.*) – Celulă producătoare și purtătoare de spori interni, specifică unor ciuperci.

IASCĂ (*s.f.*) – **1.** Nume dat mai multor ciuperci parazite în formă de copită de cal, uscate și tari, care cresc pe trunchiul arborilor și care, tratate special, erau folosite, în trecut, la aprins focul sau, în medicina populară, ca hemostatic (*Fomes și Phellinus*). **2.** În sintagma „A se face iască" = a se usca; a slăbi foarte mult.

※

ASOMA (*vb.*) – **1.** A ameți animalele la abator înainte de tăiere (cu o lovitură puternică); a lovi de moarte. **2.** A inoportuna, a stingheri puternic; a lovi.

ASUMA (*vb.*) – **1.** A(-și) lua asupra sa; a se angaja la îndeplinirea unei lucrări. **2.** A accepta ca ipoteză o propoziție (judecată) pentru a constata consecințele ce rezultă din ea.

※

ASPIC (*s.n.*) – Produs alimentar preparat din carne, oase și cartilaje, fierte timp îndelungat în zeamă, care, după răcire, se încheagă, devenind gelatinos.

SPIC (*s.n.*) – **1.** Inflorescență caracteristică plantelor graminee, alcătuită din mai multe flori mici cu pedunculul scurt, dispuse pe o axă centrală lungă. **2.** Vârful firelor de păr, mai lungi (și de altă culoare), din blana unor animale. **3.** În sintagma „Spic de zăpadă" = fulgi mari de zăpadă amestecați cu stropi de ploaie, care cad pe pământ. **4.** (POP.) Vârf de munte; pisc. **5.** Partea cea mai înaltă a acoperișului casei.

※

ASTERIE (*s.f.*) – (ZOOL.) Stea de mare.

ISTERIE (*s.f.*) – Boală nervoasă caracterizată prin simptome foarte variate, declanșate de șocuri emoționale.

※

ASTERISC (*s.n.*) – Semn grafic în formă de steluță care se pune după un cuvânt pentru a indica trimiterea la o notă ori înaintea elementelor (lexicale) neatestate și reconstituite etc.

ASTERISM (*s.n.*) – Proprietate a unor minerale de a prezenta în masa lor cercuri luminoase în lumina reflectată prin ele în diferite direcții.

❋

ASTRU (*s.m.*) – Corp situat pe bolta cerească (stea, planetă etc.).

AUSTRU (*s.m.*) – Vânt din sud sau sud-vest, vara secetos, iar iarna aducător de ploaie și zăpadă.

❋

ATEISM (*s.m.*) – Negare a existenței lui Dumnezeu și a oricărei divinități; concepție care se bazează pe această negare.

ASTEISM (*s.m.*) – (LIT.) Figură de stil constând în deghizarea unei laude sau a unei flatări sub aparența blamului sau a reproșului.

❋

ATITUDINE (*s.f.*) – **1.** Ținută sau poziție a corpului. **2.** Fel de a fi sau de a se comporta (reprezentând adesea o anumită concepție); comportare. **3.** În sintagma „A lua atitudine" = a-și manifesta poziția, a-și afirma cu hotărâre punctul de vedere.

LATITUDINE (*s.f.*) – **1.** (GEOGR.) Distanța unghiulară a unui punct oarecare de pe glob sau a unui astru față de un plan ecuatorial de referință, măsurată în grade pe meridian. **2.** Una dintre coordonatele polare spațiale, reprezentând unghiul format de raza vectoare a unui punct dat cu planul triedrului ortogonal la care se raportează punctul. **3.** (*fig.*) Libertate de acțiune, de alegere.

❋

ATLAS (*s.n.*) – **1.** (ANAT.) Prima vertebră cervicală. **2.** Colecție de hărți geografice, sistematizate după anumite criterii.
ATLAZ (*s.n.*) – Țesătură folosită pentru căptușeli și fețe de plapumă, mai groasă decât satinul și lucioasă pe o singură față.

❋

ATOM (*s.m.*) – Cea mai mică parte dintr-un element chimic care mai păstrează însușirile chimice ale elementului respectiv.
ATON (*adj.*) – **1.** (făcând referire la țesuturi) Care suferă de atonie. **2.** (făcând referire la vocale, silabe, cuvinte) Care nu este accentuat.

❋

AULĂ (*s.f.*) – Sală mare într-o clădire publică, destinată festivităților, cursurilor etc.
AURĂ (*s.f.*) – (LIVR.) Nimb, aureolă.

❋

AUTONOM (*adj.*) – Care se bucură de autonomie. Care este liber, care nu depinde de nimeni.
AUTONIM (*adj.*) – **1.** (făcând referire la un cuvânt) Care se desemnează pe sine și nu obiectul pe care îl denumește. **2.** (făcând referire la lucrări, opere) Publicat sub numele adevărat al autorului.

❋

AVAL (*s.n.*) – (în loc. *adv.*) „În aval" (în legătură cu un punct de pe cursul unei ape) – Mai aproape de vărsare, în comparație cu alt punct.
AVAN (*adj.*) – (POP.) Strașnic, grozav (... de tare, de mare etc).

❋

AVERSIUNE (*s.f.*) – Sentiment de dezgust sau de antipatie profundă față de cineva sau ceva.

EVERSIUNE (*s.f.*) – **1.** (LIVR.) Răsturnare; ruinare. **2.** (MED.) Ieșire a unei membrane din cavitatea ei naturală.

AX (*s.m.*) – **1.** Organ cilindric din oțel care susține elementele cu mișcare de rotație, ale unei mașini; osie. **2.** În sintagma „Ax cerebrospinal" = ansamblu anatomic și funcțional format din creier și măduva spinării.

AXĂ (*s.f.*) – **1.** Dreapta care se consideră orientată într-un anumit sens. **2.** Dreaptă închipuită în jurul căreia se face mișcarea de rotație a unui corp în jurul lui însuși. **3.** „Axa lumii" = prelungire a dreptei care unește polii pământului până la intersecția cu sfera cerească.

AZURIT (*s.m.*) – Carbonat natural de cupru, cristalizat, de culoare albastră, întrebuințat ca piatră de ornament, ca materie colorantă și ca minereu de cupru.

LAZURIT (*s.n.*) – Silicat natural de aluminiu și de sodiu, asociat cu sulfură de sodiu, de culoare albastră intensă, cristalizat, folosit la confecționarea unor obiecte de artă, la prepararea unor vopsele; lapis, lapislazuli.

BACCEA (*s.f.*) – (DEPR.) Bătrân ramolit, cu idei învechite.
BOCCEA (*s.f.*) – Pachet cu diverse obiecte casnice mărunte, puse într-o pungă, ale cărei capete se leagă cruciș.

✳

BAIRAC (*s.n.*) – (ÎNV.) Steag de mătase foarte lat.
BAIRAM (*s.n.*) – **1.** Numele a două mari sărbători religioase musulmane. **2.** (FAM.) Petrecere.

✳

BALADĂ (*s.f.*) – **1.** Creație epică în versuri care relatează o acțiune eroică, o legendă, o întâmplare istorică etc. **2.** Bucată muzicală cu caracter narativ.
BALATĂ (*s.f.*) – (LIV.) Poezie medievală care se cânta pe o melodie de dans, formată din una sau mai multe strofe și un refren, interpretat de obicei în cor.

✳

BALANSOAR (*s.n.*) – Fotoliu care se balansează pe două tălpi curbate.
BALANSOR (*s.n.*) – Piesă care reglează prin oscilațiile ei mișcarea unui mecanism.

✳

BALESTRĂ (*s.f.*) – **1.** (IST.) Balistă. **2.** (SPORT) Salt, fandare, la scrimă.
PALESTRĂ (*s.f.*) – **1.** În Grecia și în Roma antică, loc special destinat pentru practicarea gimnasticii, a luptelor etc. **2.** Școală de educație fizică în Atena antică, urmată de băieții în vârstă de 13-15 ani, după

absolvirea școlii de gramatică și a celei de chitară.

✻

BALENĂ (*s.f.*) – Mamifer acvatic lung de 10–20 m, cu lame cornoase lungi în loc de dinți.

GALENĂ (*s.f.*) – **1.** Mineral cristalizat, cu luciu metalic, având diferite întrebuințări (în radiologie, la prepararea unor vopsele). Sulfură naturală de plumb, folosită ca redresor la aparatele de radio fără lămpi, la prepararea unor vopsele. **2.** Aparat de radio folosind ca detector un astfel de mineral.

✻

BANCHET (*s.n.*) – Masă festivă la care se sărbătorește o persoană sau un eveniment.

BANCHETĂ (*s.f.*) – **1.** Bancă mică, fără spetează, capitonată. **2.** Bancă sau canapea montată în vehicule.

✻

BANDĂ (*s.f.*) – **1.** Ceată, grup de răufăcători, care acționează sub conducerea unui șef. **2.** Fâșie din stofă, hârtie etc, cu care se înfășoară, se leagă sau se întărește ceva.

BANTĂ (*s.f.*) – Fâșie de pânză cusută pe marginea gulerului și a mânecilor cămășii.

✻

BANDERILĂ (*s.f.*) – (rar) Suliță mică, împodobită cu fâșii multicolore de pânză, pe care toreadorii o înfig în ceafa taurilor pentru a-i ațâța.

BANDEROLĂ (*s.f.*) – Fâșie de hârtie lipită în jurul unui ambalaj sau pe locul de deschidere a acestuia, ca mijloc de control a integrității mărfii respective.

✻

BANDOLĂ (*s.f.*) – Instrument muzical cu coarde, asemănător cu bandura.

BANDULĂ (*s.f.*) – Pară de lemn îngreuiată cu plumb, fixată la capătul unei frânghii subțiri, care se aruncă pe țărm spre a se lega de ea și a se trage parâmele de acostare.

❋

BARBITON (*s.n.*) – Instrument muzical asemănător cu lira, la vechii greci.

BARBOTIN (*s.n.*) – Roată dințată care antrenează vinciul ancorelor sau șenila unor vehicule.

❋

BARBUT (*s.m.*) – Joc de noroc cu zaruri.

BARBUTĂ (*s.f.*) – (ÎNV.) Monedă de la începutul secolului trecut, cu valoare de 2 lei vechi și 10 parale.

❋

BARD (*s.m.*) – (la vechii celți) Poet care compunea și recita cântece războinice; (LIV.) Poet.

BORD (*s.n.*) – **1.** Marginea din stânga sau cea din dreapta a punții unei ambarcații (mari). **2.** „Jurnal de bord" = registru în care se înregistrează toate evenimentele importante petrecute în cursul călătoriei unei ambarcații sau a unui avion. **3.** (loc. *adv.*) „Pe (sau la) bord" = în ambarcație.

❋

BARETĂ (*s.f.*) – Bentiță îngustă, din diverse materiale, cu care se încheie un pantof.

BERETĂ (*s.f.*) – Șapcă marinărească fără cozoroc.

❋

BARIL (*s.m.*) – Unitate de măsură pentru capacități (cca. 160 litri), folosită în special în S.U.A. și în Anglia.

BERIL (*s.n.*) – Piatră prețioasă de diverse culori.

❋

BARON (*s.m.*) – (în societatea medievală din apusul și centrul Europei) Mare senior; Titlu de noblețe, intermediar între titlul de cavaler și cel de viconte.

BAROU (*s.n.*) – Corp al avocaților, organizat pe lângă tribunal, curte de apel etc.

❊

BASCĂ (*s.f./adj.*) – **1.** Acoperământ pentru cap, confecționat dintr-un material moale, de obicei din lână, având formă rotundă și plată, cu marginile îndoite înăuntru; beretă. **2.** Persoană originară din Țara Bascilor, regiune situată în Pirinei, în Franța și în Spania. **3.** (*adj.*) Care aparține sau este caracteristic bascilor.

PASCĂ (*s.f.*) – **1.** Cozonac tradițional făcut din aluat dospit umplut cu brânză de vaci, stafide, smântână etc. care se mănâncă de obicei la Paști de către creștinii ortodocși. **2.** Anafură pe care preotul o împarte credincioșilor în ziua de Paști. **3.** Preparat alimentar tradițional, făcut din aluat nedospit, copt în foi subțiri, pe care îl mănâncă evreii în timpul Paștilor în loc de pâine.

❊

BASTION (*s.f.*) – Fortificație construită de obicei la colțurile unei fortărețe.

BASTON (*s.n.*) – Bucată de lemn, lungă și subțire, de regulă curbată la un capăt, care se poate ține pentru sprijin în mână, dar putând avea diverse alte întrebuințări.

❊

BASTARD (*s.m.*) – Copil nelegitim.

BATARD (*adj.*) – (făcând referire la scriere) Care este intermediar între scrierea normală și cea cursivă.

❊

BAȘCHIE (*s.f.*) – Ciocan cu vârful prevăzut cu un șanț în formă de V, folosit pentru baterea cercurilor metalice ale butoaielor.

AȘCHIE (*s.f.*) – Bucată mică, subțire, care se desprinde sau sare dintr-un material prin cioplire, prin spargere etc.

❅

BATAT (*s.m.*) – Plantă perenă din țările calde.

BATAL (*s.m.*) – Berbec castrat în vederea îmbunătățirii calității cărnii și a lânii.

❅

BATIR (*s.m.*) – Fir de bumbac răsucit ușor, puțin mai gros decât ața de cusut, întrebuințat la însăilat.

VATIR (*s.m.*) – Țesătură de bumbac, de in sau de cânepă, foarte apretată, folosită pentru întăriri la haine (bărbătești).

❅

BATIST (*s.n.*) – Țesătură foarte fină din bumbac sau din in.

BATISTĂ (*s.f.*) – Bucată pătrată de pânză, folosită la șters nasul, fața etc.

❅

BAVURĂ (*s.n.*) – (TEHN.) Material rămas peste profilul normal pe suprafața pieselor prelucrate sau turnate.

BRAVURĂ (*s.n.*) – **1.** Vitejie, curaj, îndrăzneală. **2.** Faptă vitejească; eroism.

❅

BĂIAȘ (*s.m.*) – Bărbat care servește într-o baie publică.

BĂIEȘ (*s.m.*) – (POP.) Lucrător într-o mină; miner.

❅

BĂRĂȚIE (*s.f.*) – (REG.) Biserică sau mănăstire catolică.

BĂRBĂȚIE (*s.n.*) – **1.** Faptul de a fi bărbat; vârsta de maturitate a bărbatului. **2.** Virilitate.

❅

BĂRDAC (*s.m.*) – **1.** Donicioară cu o capacitate de

circa o oca (egală cu circa 1271 g în Munt. și 1201 g în Mold.; Măsură de capacitate pentru lichide, valorând 1,25 l. în Munt. și 1,288 l. în Mold.) **2.** (REG.) Varietate indigenă de prun.

BĂRDACĂ (*s.f.*) – **1.** Ulcică smălțuită din pământ (cu toartă). **2.** Varietate indigenă de prune, lunguiețe și puțin strangulate spre coadă.

✻

BERLINĂ (*s.f.*) – (ÎNV.) **1.** Trăsură mare închisă, asemănătoare cu cupeul, cu două banchete așezate față în față. **2.** Autoturism cu două sau patru portiere și cu patru geamuri laterale.

MERLINĂ (*s.f.*) – Frânghie subțire alcătuită din trei fire de in sau de cânepă răsucite împreună, folosită la matisarea parâmelor.

✻

BESTIAL (*adj.*) – De bestie; de o cruzime feroce; animalic, fioros.

BESTIAR (*s.n.*) – Antologie medievală de fabule sau de povestiri alegorice cu animale.

✻

BETEALĂ (*s.f.*) – **1.** Fir lung de metal auriu sau argintiu. **2.** Podoabă făcută din asemenea fire.

BĂTEALĂ (*s.f.*) – Firele care se introduc cu ajutorul suveicii prin rostul firelor de urzeală pentru a forma țesătura; bătătură.

✻

BIG (*s.m.*) – **1.** Linie de îndoire executată prin presare pe suprafața unui carton; îndoitură. **2.** (ABR.) Unitate comercială complexă. – Din inițialele B(ăcănie) + I(ndustriale) + G(ospodina).

BIGĂ (*s.f.*) – Aparat format din două sau trei brațe de sprijin unite printr-o bară prevăzută de scripeți, cu ajutorul căreia se încarcă sau se descarcă mărfurile în porturi.

❋

BILABIAL (*adj.*) – (făcând referire la sunete) Cuvinte, sunete, la articularea cărora participă ambele buze.

BILABIAT (*adj.*) – (făcând referire la corola sau caliciul unei flori) Care seamănă cu buzele unei guri deschise.

❋

BIRĂU (*s.m.*) – (ÎNV. ȘI REG.) Primar rural, cap, căpetenie, comandant, conducător, mai-mare, șef, vătaf.

BIROU (*s.m.*) – **1.** Masă de scris dotată cu sertare și compartimente pentru păstrarea hârtiilor, a actelor etc. **2.** Local, parte de local sau încăpere în care lucrează o persoană. **3.** Grup de persoane alese de o organizație sau de o adunare constituită ca să-i organizeze lucrările și să asigure buna lor desfășurare.

❋

BIZON (*s.m.*) – Animal rumegător sălbatic din subfamilia bovinelor.

BAZON (*s.n.*) – Bucată de stofă, de piele sau de pânză, aplicată pe turul pantalonilor, al izmenelor sau al chiloților, pentru a-i cârpi sau pentru a-i întări.

❋

BLAZAT (*adj.*) – Dezgustat, incapabil de emoții și de sentimente.

BLAMAT (*adj.*) – **1.** Care a fost dezaprobat în mod public. **2.** Defăimat.

❋

BLUZON (*s.n.*) – Obiect de îmbrăcăminte, larg și comod, pentru partea superioară a corpului.

BLAZON (*s.n.*) – Ansamblul elementelor convenționale care constituie emblema unui stat, a unui oraș, a unei familii nobile etc.

※

BLUF (*s.n.*) – (LIVR.) Atitudine neîntemeiată prin care se urmărește intimidarea cuiva.

BUF (*adj.*) – **1.** (făcând referire la comedii) Cu un caracter comic exagerat. **2.** (făcând referire la opere muzicale) Care este compus în genul liric ușor. **3.** (făcând referire la actori sau cântăreți) Care s-a specializat în interpretarea unor roluri comice de comedie sau de operă muzicală bufă.

※

BOR (*s.n.*) – **1.** Element chimic. **2.** Margine circulară care înconjoară calota pălăriei.

BUR (*s.m.*) – **1.** Populație în Africa de Sud constituită din urmașii coloniștilor europeni, în special olandezi, stabiliți aici în secolul al XVII-lea. **2.** (la SG.) Persoană care face parte din această populație.

※

BORAN (*s.m.*) – (CHIM.) Hidrură de bor.

BORAT (*s.m.*) – (CHIM.) Sare a acidului boric.

※

BORD (*s.n.*) – Marginea din stânga sau din dreapta a punții unei ambarcațiuni mari.

BORT (*s.n.*) – Diamant brut, folosit ca abraziv.

※

BORDEI (*s.n.*) – Locuință rudimentară, săpată pe jumătate în pământ și acoperită cu pământ, paie sau stuf.

BORDEL (*s.n.*) – Casă în care se practică prostituția; lupanar.

※

BORT (*s.n.*) – Diamant brut cu structură fibroasă și cu luciu, întrebuințat ca abraziv.

BORTĂ (*s.f.*) – (REG.) Gaură; scorbură; groapă.

❈

BORTĂ (*s.n.*) – (REG.) Gaură; scorbură; groapă.

BOLTĂ (*s.n.*) – **1.** Zidărie sau construcție cu partea superioară arcuită în formă de semicerc sau numai bombată în sus. **2.** Încăpere, gang sau galerie subterană cu tavanul arcuit. **3.** Construcție de lemn sau de vergele de fier în formă de arc, care servește de sprijin plantelor agățătoare. **4.** (*fig.*) Arc de verdeață format de ramurile unite ale copacilor. **5.** În sintagme: „Boltă cerească sau bolta cerului" = cer; „Boltă craniană" = partea superioară a cutiei craniene; „Boltă palatină" = palat, cerul-gurii. **6.** (REG.) Prăvălie, dugheană.

❈

BRAGĂ (*s.f.*) – **1.** Băutură răcoritoare cu gust acrișor și miros specific, preparată din făină de mei, de porumb sau de secară fiartă și fermentată, sau din bucățele de pâine fermentate în apă. **2.** În sintagma „Ieftin ca braga" = foarte ieftin.

BRAHĂ (*s.f.*) – **1.** Orz măcinat, întrebuințat la fabricarea berii. **2.** Reziduu rămas după fabricarea rachiului.

❈

BRAD (*s.m.*) – Arbore din familia pinaceelor care crește în zona muntoasă, cu frunzele în formă de ace, de culoare verde-închis.

BRAV (*adj.*/s.) – **1.** (*adj.*) Viteaz, curajos, îndrăzneț. **2.** (*s.m.*) (rar) Asasin, tâlhar, aflat de obicei în slujba unui potentat, care teroriza și omora pentru bani; spadasin plătit.

❈

BRAHIAL (*adj.*) – Care aparține brațelor, privitor la brațe.

BRANHIAL (*adj.*) – (BIOL.) De branhie.

❋

BRANȚ (*s.n.*) – Bucată de piele sau carton care se aplică în interiorul încălțămintei, peste talpa propriu-zisă.

BRAȚ (*s.n.*) – Segment al membrului superior cuprins între cot și umăr.

❋

BREC (*s.m.*) – (SPORT) **1.** Comandă dată de către arbitrul unui meci de box atunci când loviturile nu sunt regulamentare și la care boxerii sunt obligați să facă câte un pas înapoi pentru a se distanța unul de celălalt. **2.** Punct obținut de un jucător de tenis împotriva adversarului său, atunci când acesta are serviciul. **3.** Trăsură ușoară cu patru roți, de obicei neacoperită, cu capra înaltă, având două bănci așezate față în față în lungul sau de-a latul trăsurii.

BRIC (*s.m.*) – Navă cu două catarge, cu pânze pătrate și bompres, uneori și cu motor, folosită în trecut în scopuri militare.

❋

BRIȘCĂ (*s.f.*) – **1.** Trăsură ușoară, cu două roți, trasă de obicei de un singur cal; cabrioletă, șaretă. **2.** (REG.) Briceag.

FRIȘCĂ (*s.f.*) – **1.** Strat de smântână proaspătă, care se ridică la suprafața laptelui nefiert după câteva ore de la mulgere și care, bătută cu telul, devine spumoasă. **2.** Smântână bătută cu zahăr și servită ca desert sau ca garnitură la prăjituri.

❋

BRUTAL (*adj.*) – (făcând referire la oameni și manifestările lor) Lipsit de delicatețe; aspru, violent, necioplit.

BRUTAR (*s.m.*) – Persoană care fabrică sau vinde pâine.

※

BUCLĂ (*s.f.*) – **1.** Șuviță de păr răsucită; cârlionț, zuluf. **2.** Parte a ochiului unui fir format în timpul tricotării. **3.** Curbă pronunțată folosită la racordarea aliniamentelor unei serpentine. **4.** Porțiune a unui curs de apă cu o puternică cotitură. **5.** Piesă din metal pe care se fixează, îndoindu-se, capătul unui cablu.

BUGLĂ (*s.f.*) – **1.** Trompetă din piele care emite un sunet mai moale și mai plăcut decât cel emis de corn. **2.** (la PL.) Nume generic dat instrumentelor de suflat din alamă.

BUF (*adj.*) – (făcând referire la comedii) Cu un caracter comic exagerat.

BUFĂ (*s.f.*) – Fald la un obiect de îmbrăcăminte.

※

BUGED (*adj.*) – (REG.) (făcând referire la obrazul oamenilor) Buhăit, umflat, puhav.

BUGET (*s.n.*) – **1.** Bilanț al veniturilor și cheltuielilor unui stat, ale unei firme etc. pe o perioadă determinată. **2.** Totalitatea prevederilor de venituri și cheltuieli ale unei persoane sau ale unei familii pentru o anumită perioadă de timp.

※

BURET (*s.n.*) – **1.** Fir de mătase naturală, obținut prin macerarea specială a unor gogoși. **2.** Țesătură de mătase fabricată din acest fir.

BURETE (*s.m.*) – (BOT.) Nume generic dat unor ciuperci.

※

BURSUC (*s.m.*) – **1.** Mamifer carnivor cu trupul greoi, acoperit cu peri lungi și aspri de culoare cenușie, cu două dungi negre, cu picioare scurte, cu capul lunguieț, având un fel de rât asemănător cu al porcului; viezure. **2.** (*fig.*) Om sau copil mic, îndesat și greoi; om retras, izolat, ursuz.

BURSUCĂ (*s.f.*) – Plantă erbacee mică, cu flori violet-închis, așezate în formă de spic la vârful tulpinii și fructe capsule (*Bartsia alpina*).

BUȘEU (*s.m.*) – Prăjitură cu nuci, cremă, frișcă sau ciocolată.

GUSEU (*s.m.*) – (CONSTR.) Placă din oțel care servește la prinderea barelor ce se unesc într-un nod al unei grinzi.

BUTALCĂ (*s.f.*) – Unealtă din lemn folosită la fărâmițarea cheagului de lapte în vederea obținerii cașului și a eliminării zerului.

BUTELCĂ (*s.f.*) – **1.** (REG.) Butelie. **2.** Damigeană mică făcută din pământ ars.

CABANIER (*s.m.*) – Persoană însărcinată cu paza și administrarea unei cabane.

CABINIER (*s.m.*) – Persoană care are în grijă o cabină la teatru, la operă etc.

❈

CALCANE (*s.m.*) – Perete exterior din spate (fără deschizătură) al unei case (destinat să fie acoperit de zidul asemănător al unei clădiri vecine). **2.** (înv.) Scut, pavăză.

CALCANI (*s.m.*) – Pește de mare cu corpul rombic, turtit lateral și asimetric, având ambii ochi pe partea stângă și solzi lungi, tari pe burtă și pe spate; pește-de-mare.

❈

CALMAR (*s.m.*) – Gen de cefalopode comestibile, cu corpul alungit, cu înotătoarele triunghiulare și cu gura înconjurată de zece tentacule.

CALEMAR (*s.n.*) – Călimară portativă în formă de toc, care se purta la brâu.

❈

CAMĂ (*s.f.*) – Proeminență pe un ax care servește spre a ridica, pentru o anumită fracțiune din perioada de mișcare a axului, o pârghie ce se sprijină de ea.

LAMĂ (*s.f.*) – **1.** Placă subțire din diverse materiale, care are diferite întrebuințări (în aparatura tehnică); mică placă subțire, cu tăișuri pe ambele laturi, care se montează la un aparat de ras. **2.** Partea metalică și tăioasă a unui instrument. **3.** Gen de mamifere rumegătoare asemănătoare cu cămila, dar fără cocoașă, care trăiesc pe platourile înalte din America de Sud.

※

CAMBIE (*s.f.*) – Act, document prin care cel care-l semnează se obligă să plătească necondiționat, la un anumit termen și într-un anume loc, o sumă de bani.

CAMBIU (*s.m.*) – Țesut vegetal din zona generatoare, care asigură creșterea secundară în grosime a tulpinii și a rădăcinii.

※

CAMBRA (*vb.*) – A îndoi, încovoia, arcui.

CABRAT (*vb.*) – **1.** (făcând referire la unele patrupede, mai ales despre cai) A se ridica pe picioarele dinapoi. **2.** A se încorda; a se ridica. **3.** (făcând referire la avioane) A se ridica cu partea din față pentru a urca mai repede.

※

CAMPANIE (*s.n.*) – **1.** Totalitatea operațiunilor militare executate de forțele armate ale unei țări (sau de o parte a lor), pe un câmp de luptă, într-o anumită perioadă de timp. **2.** Acțiune organizată după un anumit plan, cu scopuri precis determinate (sociale, politice, economice etc), desfășurată într-o anumită perioadă de timp (campanie agricolă, campanie publicitară etc).

COMPANIE (*s.n.*) – Subunitate militară mai mare decât plutonul și mai mică decât batalionul.

※

CANAFAS (*s.m.*) – Pânză rară din fire de cânepă, foarte apretată, care se folosește la confecționarea hainelor, ca întăritură la piepți, la gulere și, în legătorie, la cusutul cotoarelor de cărți.

CANEVAS (*s.m.*) – **1.** Schiță sau linii generale ale unui desen. **2.** Rețea de meridiane și de paralele trasate în vederea alcătuirii unei hărți. **3.** Ansamblul triunghiurilor, liniilor poligonale și punctelor care servesc ca bază măsurătorilor terestre.

❄

CANTONIER (*s.m.*) – Persoană care are sarcina de a supraveghea și întreține o anumită porțiune de șosea sau de cale ferată.
CANTINIER (*s.m.*) – Persoană care administrează o cantină.

❄

CAPITULE (*s.m.*) – **1.** Corpul canonicilor unei catedrale catolice. Adunare a canonicilor. Adunare de călugări sau de alți clerici catolici. **2.** Loc în care se țin asemenea adunări. **3.** Inflorescență al cărei receptacul este întins ca un taler, purtând numeroase flori apropiate unele de altele.
CAPITOLE (*s.m.*) – Fiecare dintre diviziunile mai mari ale unei lucrări științifice, literare, ale unei legi etc.

❄

CAPON (*s.m.*) – Suport mic situat în afara bordajului unei nave, care susține ancora, când lanțul acesteia este folosit pentru legarea navei de o geamandură.
CLAPON (*s.m.*) – Cocoș castrat care se îngrașă ușor și are carne multă.

❄

CARBONAR (*s.m.*) – Membru al unei organizații revoluționare secrete din Italia, care a luptat la începutul secolului al XIX-lea împotriva asupririi străine și pentru unitatea Italiei.
CĂRBUNAR (*s.m.*) – **1.** Muncitor care lucrează la producerea cărbunelui de lemn. **2.** Persoană care vinde cărbuni.

CARDAN (*s.n.*) – Sistem de suspensie sau de articulație care permite uneia dintre părțile lui să-și păstreze o anumită poziție sau direcție, indiferent de mișcările suportului ei.

CADRAN (*s.n.*) – **1.** (La aparate și instrumente de măsurat) Suprafață (de obicei circulară) prevăzută cu anumite diviziuni, pe care se citesc indicațiile acului indicator al unui instrument de măsură, al unui ceasornic etc. **2.** „Cadran solar" = ceas solar.

※

CARETĂ (*s.f.*) – Trăsură închisă, cu patru roți.

CARETE (*s.m.*) – Nume dat unor viermișori care se formează pe anumite alimente.

※

CARO (*s.m.*) – Una dintre cele două culori roșii la cărțile de joc, însemnată cu romburi.

CAROU (*s.n.*) – Pătrățel imprimat pe unele stofe sau pe alte materiale, format din dungi de altă culoare decât fondul.

※

CAROU (*s.n.*) – Pătrățel imprimat pe unele stofe sau pe alte materiale, format din dungi de altă culoare decât fondul.

BAROU (*s.n.*) – Corp al avocaților, organizat pe lângă un tribunal sau o curte de apel.

※

CARPELĂ (*s.f.*) – Frunzișoară modificată, situată în centrul unei flori, care poartă ovulele.

CARPETĂ (*s.f.*) – Covoraș.

※

CASIER (*s.m.*) – Persoană care are sarcina efectuării plăților și încasărilor în numerar, a păstrării banilor și a hârtiilor de valoare în casa de bani, în cadrul unei instituții, întreprinderi etc.

CAZIER (*s.n.*) – **1.** Dulap cu mai multe compartimente, în care se clasează dosare, acte etc. **2.** În sintagma „Cazier judiciar" = Fișă în care organele judiciare consemnează toate condamnările penale ale unei persoane.

✳

CAȘETĂ (*s.m.*) – **1.** (franțuzism) Carnet în care se înseamnă fiecare lecție pe care o ține un profesor. **2.** Plată făcută după numărul de lecții predate. **3.** (FILAT.) Plic ștampilat din prima zi a emisiunii timbrelor. **3.** (FARM.) Pastilă cu ambalaj solvabil.

CUȘETĂ (*s.f.*) – Pat pentru o persoană amenajat special în cabinele vagoanelor de dormit sau în cabinele de vapor.

✳

CATALAZĂ (*s.f.*) – (CHIM.) Enzimă care catalizează descompunerea peroxidului de hidrogen în apă și oxigen.

CATACLAZĂ (*s.f.*) – Zdrobire totală sau parțială a minereurilor componente din roci sub acțiunea proceselor dinamice din scoarța pământului.

✳

CATALECTIC (*adj.*) – În metrica greco-latină, în sintagma „Vers catalectic" – Vers care se termină printr-un picior incomplet.

CATALEPTIC (*adj.*) – Privitor la catalepsie.

✳

CATENĂ (*s.f.*) – **1.** Șir de încrețituri ale scoarței pământului, formate sub influența unei presiuni laterale. **2.** Lanț de atomi legați între ei prin valențe simple sau multiple.

CATETĂ (*s.f.*) – Fiecare dintre cele două laturi care formează unghiul drept al unui triunghi dreptunghic.

❉

CATRAN (*s.n.*) – **1.** Lichid vâscos de culoare închisă, obținut prin distilarea petrolului, a cărbunilor sau a lemnului; gudron. **2.** (*fig.*) Supărare mare; venin.

CATREN (*s.n.*) – Strofă sau poezie formată din patru versuri.

❉

CAVALER (*s.m.*) – **1.** În Roma antică, membru al ordinului ecvestru, inferior ordinului senatorial. **2.** În Evul Mediu, în apusul și în centrul Europei, titlu nobiliar conferit, inițial pentru fapte de arme, de rege sau de un reprezentant al lui. **3.** Titlu dat unei persoane dintr-un ordin cavaleresc, laic sau religios. **4.** Titlu onorific conferit, în unele țări, posesorului anumitor decorații importante. **5.** Persoană având titlul de cavaler. **6.** Călăreț. **7.** (adesea ADJECTIVAL) Om plin de abnegație, generos și nobil; om amabil, binevoitor, îndatoritor. **8.** (POP.) Tânăr necăsătorit, holtei, burlac. **9.** În sintagma „Cavaler de onoare" = tânăr necăsătorit care însoțește pe miri la cununie.

CAVALIER (*s.m.*) – **1.** Terasă înaltă, construită într-o fortificație, pentru amplasarea tunurilor. **2.** Cordon de pământ sau de alte materiale de-a lungul unui drum, format prin curățarea șanțurilor. **3.** (*adj.*) În sintagmele „Perspectivă cavalieră" = proiecție oblică a obiectelor pe un plan, ca și cum ar fi văzute dintr-un punct situat la infinit; „Plan cavalier" = plan stabilit după această perspectivă.

❉

CAZUAL (*adj.*) – **1.** Care are un caracter întâmplător, care depinde de împrejurări; accidental. **2.** Care arată cazul gramatical. Desinență cazuală.

CAZUAR (*s.m.*) – Gen de păsări mari din Oceania, asemănătoare cu struțul, cu o creastă cornoasă pe frunte și cu pene negre întrebuințate ca podoabă (*Casuarius casuarius*).

※

CĂLDĂRAȘ (*s.m.*) – **1.** (ORNIT.) Botroș. **2.** Muncitor care curăță de zgură oala de turnat oțel și montează pâlnia și dopul acesteia.

CĂLDĂRUȘĂ (*s.f.*) – **1.** Diminutiv de la căldare. **2.** Căldare foarte mică, de jucărie. **3.** Plantă erbacee ornamentală, cu tulpină păroasă, cu flori albastre, violete, roșii, albe.

※

CÂRTIȚĂ (*s.f.*) – Mic mamifer insectivor care trăiește în galerii subterane.

TÂRTIȚĂ (*s.f.*) – Partea posterioară a coloanei vertebrale la păsări (de unde cresc penele cozii).

※

CEAMBUR (*s.n.*) – (ÎNV.) Detașament tătăresc trimis să prade.

CEAMUR (*s.n.*) – (REG.) Material de construcție obținut din lut frământat cu paie tocate, folosit la tencuirea sau construirea caselor țărănești, a cuptoarelor etc.

※

CENOTIP (*s.n.*) – (BIOL.) Tip primitiv din care au derivat alte tipuri.

GENOTIP (*s.n.*) – Ansamblul proprietăților ereditare ale unui organism.

※

CESIUNE (*s.f.*) – Transmitere de către o persoană altei persoane a unui drept de creanță cu titlu oneros, pe baza unui contract.

SESIUNE (*s.f.*) – **1.** Perioadă de timp în care reprezentanții unei instituții se întâlnesc pentru a dezbate, a rezolva anumite probleme. **2.** În sintagma „Sesiune de examene" = Perioadă de timp în cursul căreia se susțin examene.

❋

CENZURĂ (*s.f.*) – **1.** Control prealabil asupra conținutului unor lucrări. **2.** (în vechea Romă) Funcția de cenzor.

CEZURĂ (*s.f.*) – Pauză ritmică în interiorul unui vers, care împarte versul în două părți, de obicei, egale, pentru a ușura recitarea și pentru a susține cadența.

❋

CETACEU (*s.m.*) – **1.** (la PL. - **cetacee**) Ordin de mamifere acvatice care cuprinde cele mai mari animale actuale, cu corpul de forma unui pește și cu membrele anterioare transformate în lopeți. **2.** (la SG.) Animal care face parte din acest ordin.

CATACEUM (*s.m.*) – Grăsime extrasă din cavitățile pericraniene ale unei specii de balene, utilizată în cosmetică și în farmacie.

❋

CHERATINĂ (*s.f.*) – Proteină care intră în structura părului, a epidermei, a unghiilor etc.

CHERATITĂ (*s.f.*) – Inflamație acută sau cronică a corneei.

❋

CHET (*s.m.*) – (ZOOL.) Fiecare din perișorii chitinoși, rigizi ai anelidelor.

CHETĂ (*s.f.*) – Acțiunea de a strânge prin contribuție voluntară o sumă de bani pentru un anumit scop. Colectă.

❋

CHIASM (*s.n.*) – Figură de stil care constă în reluarea, în ordine inversă, a două cuvinte sau expresii.

CHIASMĂ (*s.f.*) – Formație nervoasă din interiorul craniului, alcătuită din încrucișarea parțială a fibrelor nervilor optici.

✳

CICAR (*s.m.*) – Animal vertebrat acvatic inferior, asemănător cu un pește care trăiește ca parazit pe pielea unor pești.

CIRCAR (*s.m.*) – Artist de circ.

✳

CICLIC (*adj.*) – Care se desfășoară în cicluri sau care aparține unui ciclu.

CIFLIC (*s.n.*) – (ÎNV.) Mică moșie sau fermă.

✳

CIL (*s.m.*) – Prelungire protoplasmatică mobilă, în formă de fire subțiri, a unor bacterii, a unor alge etc., care servește la locomoție și la deplasarea secrețiilor în organism.

CIN (*s.n.*) – (ÎNV.) **1.** Poziție socială înaltă în societatea medievală. **2.** Ordin preoțesc sau călugăresc.

✳

CLAMĂ (*s.f.*) – Piesă de metal de diferite forme și dimensiuni, care se folosește pentru a prinde două sau mai multe foi volante, buclele părului la femei etc.

CLEMĂ (*s.f.*) – Dispozitiv cu ajutorul căruia se asamblează două sau mai multe elemente, îmbinarea rezultată fiind rezistentă la solicitări relativ mari.

✳

CLEI (*s.n.*) – **1.** Substanță vâscoasă asemănătoare cu gelatina, extrasă din oase, din pește, din unele plante sau obținută pe cale sintetică, folosită pentru lipirea unor obiecte sau părți de obiecte. **2.** Suc gros care se scurge din scoarța unor arbori și care are proprietatea de a se solidifica în contact cu aerul.

GLEI (*s.n.*) – (GEOL.) Strat de nămol de culoare cenușie sau vânătă-verzuie, format sub unele soluri mlăștinoase.

❋

CLIT (*s.n.*) – (POP.) Grămadă de obiecte omogene în care elementele constitutive sunt așezate ordonat unele peste altele; teanc.

FLIT (*s.n.*) – **1.** (REG.) Bot, rât. **2.** Insecticid (denumire comercială).

❋

CLUPĂ (*s.f.*) – Instrument în formă de compas, folosit la măsurarea diametrului trunchiurilor de arbori.

CULPĂ (*s.f.*) – (JUR.) Greșeală care constă în neîndeplinirea sau îndeplinirea defectuoasă a unei obligații legale.

❋

COALESCENȚĂ (*s.f.*) – (CHIM.) Contopirea picăturilor dintr-o emulsie sau a granulelor dintr-o suspensie în picături sau particule mai mici.

CONVALESCENȚĂ (*s.f.*) – Perioadă prin care trece un bolnav după vindecare până la însănătoșirea deplină.

❋

COBUR (*s.m.*) – (REG., ÎNV.) **1.** Toc de piele pentru pistol, atârnat la șaua calului. **2.** Haină bărbătească purtată odinioară de boieri.

COBUZ (*s.m.*) – **1.** Specie de fluier sau de caval. **2.** Instrument muzical cu coarde asemănător cu lăuta.

❋

COFRAJ (*s.n.*) – Tipar de lemn sau de metal în care se toarnă un material de construcție în stare fluidă, pentru a se întări după forma dorită.

COFRAT (*adj.*) – (făcând referire la materiale de construcție fluide) Care a fost turnat într-un cofraj.

※

COLECTA (*vb.*) – **1.** A aduna, a strânge la un loc lucruri, bani etc. pentru un anumit scop. **2.** A strânge în mod organizat de la producători diferite produse. **3.** (făcând referire la abcese sau răni) A face puroi; a coace.

CONECTA (*vb.*) – A lega între ele două sau mai multe conductoare electrice; a lega un aparat, o mașină etc. la circuitul electric.

※

COLIZIUNE (*s.f.*) – **1.** Ciocnire violentă între două corpuri care se deplasează unul spre celălalt. **2.** Ciocnire de forțe, tendințe, interese contrare în sfera relațiilor dintre oameni.

COLUZIUNE (*s.f.*) – (rar) înțelegere secretă între două părți, între două persoane etc, în detrimentul unei a treia.

※

COLPORTA (*vb.*) – A răspândi știri, zvonuri etc. (false).

COMPORTA (*vb.*) – A avea o anumită conduită.

※

COMA (*s.f.*) – (FIZ.) **1.** Aberație a sistemelor optice care constă în apariția unei imagini în formă de cometă. **2.** Aberație a lentilelor electronice, caracterizată prin apariția unei estompări spre periferia imaginii.

COMĂ (*s.f.*) – **1.** Cel mai mic interval muzical, greu perceptibil auzului. **2.** Semn folosit pentru a indica în muzica instrumentală frazarea, iar în muzica vocală locurile unde se respiră. **3.** Pierdere totală, prelungită, a cunoștinței, a sensibilității și a motricitatii, asemănătoare cu un somn adânc, provocată de diverse boli.

※

COMITAT (*s.n.*) – Unitate administrativ-teritorială; district.

COMITET (*s.n.*) – Organ de conducere colectivă a anumitor organizații.

❋

COMPLEMENT (*s.n.*) – **1.** Ceea ce se adaugă la ceva pentru a-l întregi. **2.** Parte secundară de propoziție care determină un verb, un adjectiv sau un adverb.

COMPLIMENT (*s.n.*) – Cuvânt de laudă, de măgulire, care exprimă o atitudine de stimă, de considerație.

❋

CONDENS (*s.n.*) – **1.** Rezultat al condensării vaporilor. **2.** Fenomen de infiltrare a condensului de apă în combinație cu unele specii de ciuperci în pereții locuințelor.

CONSENS (*s.n.*) – Înțelegere, acord.

❋

CONFIRMAȚIE (*s.f.*) – Ritual la catolici, oficiat de obicei de episcop, menit să întărească, la copiii trecuți de șapte ani, harul primit la botez.

CONFORMAȚIE (*s.f.*) – Structură fizică generală a corpului sau a părților lui, a unei suprafețe de teren etc.

❋

CONFORT (*s.m.*) – Totalitatea condițiilor materiale care asigură o existență civilizată, plăcută, comodă și igienică.

CONTORT (*adj.*) – Învârtit, sucit. (făcând referire la frunze) Care se acoperă parțial una pe alta.

❋

CONFUZIE (*s.f.*) – Faptul de a confunda; încurcătură.

CONTUZIE (*s.f.*) – Traumatism provocat de lovirea cu un obiect dur, care constă în strivirea țesuturilor profunde, fără ruperea tegumentului.

CONJECTURĂ (*s.f.*) – Părere întemeiată pe ipoteze sau presupuneri; supoziție.

CONJUNCTURĂ (*s.f.*) – Totalitatea factorilor obiectivi și subiectivi, a condițiilor și împrejurărilor care influențează evoluția unui fenomen, a unei situații, la un moment dat; concurs de împrejurări.

❋

CONJECTURAL (*adj.*) – Întemeiat pe conjecturi, pe presupuneri sau pe supoziții.

CONJUNCTURAL (*adj.*) – De conjunctură, al conjuncturii.

❋

CONȘTIINȚĂ (*s.f.*) – **1.** Sentiment, intuiție pe care omul o are despre propria existență. **2.** Faptul de a-și da seama. **3.** (în opoziție cu materia) Gândire, spirit. **4.** Sentiment al onoarei.

CUNOȘTINȚĂ (*s.f.*) – **1.** Cunoaștere. **2.** (la PL. CUNOȘTINȚĂ) Totalitatea noțiunilor, informațiilor pe care le are cineva într-un domeniu. **3.** Persoană pe care vorbitorul o cunoaște.

❋

CONSTRICTIV (*adj.*/s.) – Consoană care se pronunță prin strâmtarea canalului vocal, astfel încât se produce un zgomot de fricțiune.

CONSTRUCTIV (*adj.*) – Care construiește sau care servește spre a construi ceva; care ajută la îmbunătățirea unei activități, a unei acțiuni etc.

❋

CONTACT (*s.n.*) – **1.** Atingere directă, nemijlocită între două corpuri, două forțe etc. **2.** Apropiere între oameni; relație.

CONTRACT (*s.n.*) – Acord încheiat între două sau mai multe persoane fizice sau juridice, pentru crearea, modificarea sau stingerea unor drepturi și obligații în relațiile dintre ele; convenție.

❊

CONTIGUU (*adj.*) – (LIVR.) Care se leagă, se înrudește cu ceva; care are elemente comune sau apropiate cu altceva.

CONTINUU (*adj.*) – Care se desfășoară fără întrerupere; neîncetat, neîntrerupt.

❊

COPULĂ (*s.f.*) – **1.** Cuvânt de legătură. **2.** Verb copulativ. **3.** Cuvânt care leagă subiectul de predicat.

CUPULĂ (*s.f.*) – Organ în formă de cupă mică, aflat la baza ghindei și a altor fructe.

❊

CORAZIUNE (*s.f.*) – Acțiunea de eroziune exercitată de vânt prin transportarea nisipului (prin târâre) și în urma căreia apar forme de relief eoliene.

COROZIUNE (*s.f.*) – **1.** Proces chimic sau electrochimie de degradare produs la suprafața corpurilor metalice de oxigenul din aerul umed sau de diverse substanțe chimice. **2.** Proces de eroziune a unor roci sub influența unor fenomene naturale (apel, vânt, îngheț-dezgheț etc.)

❊

COREGENT (*s.m.*) – Persoană care participă legal la domnie, alături de monarh, domnind efectiv pe lângă acesta.

CORIGENT (*s.m.*) – Elev sau student care nu a obținut nota de trecere la una sau mai multe materii și care urmează să susțină, de regulă toamna, un nou examen la materia sau materiile respective.

❊

COREGENȚĂ (*s.m.*) – Funcție de coregent; perioadă cât

cineva îndeplinește această funcție.

CORIGENTĂ (*s.m.*) – Situația unui corigent; examen dat de un corigent.

❋

CORNIȘĂ (*s.f.*) – Partea superioară a zidului unei construcții, ieșită în afară și ornamentată, având rolul de a sprijini acoperișul și de a împiedica scurgerea apei de ploaie pe zidurile unei clădiri.

CORNIZĂ (*s.f.*) – Vergea de lemn, de metal etc, de care se atârnă perdelele sau draperiile.

❋

CORTINĂ (*s.f.*) – Perdea de stofă, de catifea etc, care desparte sala de spectacol de scenă și care, prin ridicare sau prin lăsare în jos (ori tragere în părți) marchează începutul sau sfârșitul unui act.

CURTINĂ (*s.f.*) – **1.** Porțiune de zid care unește flancurile a două bastioane. **2.** Fiecare dintre părțile care înconjură un blazon regal.

❋

COVERTĂ (*s.f.*) – Puntea superioară a unei nave.

CUVERTĂ (*s.f.*) – Email transparent cu care se acoperă obiectele de faianță și de ceramică.

❋

COSAR (*s.n.*) – (ORNIT.) Lopătar.

COSAȘ (*s.m.*) – **1.** Om care cosește. **2.** Nume dat mai multor insecte din familia lăcustelor, care scot niște sunete asemănătoare cu fâsâitul coasei.

❋

CRAB (*s.m.*) – Nume dat mai multor specii de animale crustacee marine, cu zece picioare, cu abdomenul scurt și îndoit sub cefaiotoracele mare și turtit.

CRAP (*s.m.*) – Pește de apă dulce din familia ciprinidelor.

CRIPTOGAMĂ (*s.f.*) – Plantă care face parte dintr-un grup mare de plante inferioare, lipsită de flori, care se caracterizează prin înmulțirea prin spori.

CRIPTOGRAMĂ (*s.f.*) – **1.** Document, text scris cu caractere secrete. **2.** Joc distractiv care constă în împărțirea cuvintelor unei fraze într-un număr exact de fragmente, care se înscriu într-o formă geometrică regulată, urmând să se descopere modul și locul în care acestea se succeda.

❋

CULMINANT (*adj.*) – Care culminează.

FULMINANT (*adj.*) – Care produce explozie; exploziv. (*fig.*) Amenințător; violent; ațâțător, provocator.

❋

CVADRANT (*s.m.*) – **1.** Instrument alcătuit dintr-un sfert de cerc gradat și o lunetă, folosit în trecut pentru determinarea înălțimii aștrilor. **2.** Instrument de precizie format dintr-un sfert de cerc gradat, întrebuințat pentru măsurarea unghiurilor. **3.** Organ metalic al unui aparat, instrument de măsură etc. în formă de sector de cerc apropiat de un sfert de cerc.

CVADRAT (*s.m.*) – **1.** Unitate de măsură pentru lungime, egală cu 18,04 milimetri, folosită în tipografie. **2.** Albitură tipografică având această lungime.

❋

CVADRICĂ (*s.f.*) – (MAT.) Suprafață reprezentată de o ecuație de gradul al doilea.

CVADRIGĂ (*s.f.*) – Car antic pe două roți, tras de patru cai înhămați unul lângă altul, folosit de romani la cursele de circ și la triumfuri.

DACTIL (*s.m.*) – (în metrica modernă) Picior de vers format dintr-o silabă accentuată urmată de două silabe neaccentuate.

DUCTIL (*adj.*) – (făcând referire la metale) Care poate fi prelucrat în fire sau în foi foarte subțiri.

❊

DÂLMĂ (*s.f.*) – (REG.) Formă de relief cu aspect de deal scund, izolat și cu vârful rotunjit.

GÂLMĂ (*s.f.*) – **1.** Tumoare, umflătură, bolfă, gâlcă, hâlmă. **2.** (*fig.* IRON.) Om prost (adică „ceva gogoneț, ca o bubă, ca o gogoașă").

❊

DANĂ (*s.f.*) – **1.** Loc situat de-a lungul cheiurilor sau, mai rar, în mijlocul apei navigabile și amenajate pentru scoaterea vaselor și manipularea mărfurilor într-un port. **2.** Magazie pentru depozitarea mărfurilor (într-un port sau la vamă). **3.** șlep sau grup de șlepuri acostate bord la bord la aceeași dană.

DUNĂ (*s.f.*) – Formă de relief cu aspectul unor coame paralele, apărute sub acțiunea vântului în regiunile nisipoase.

❊

DANG (INTERJ. adesea repetat) – Cuvânt care imită sunetul unui clopot sau alt sunet metalic; bang.

DANGĂ (*s.f.*) – Semn (literă, cifră) făcut cu fierul roșu sau cu substanțe corosive pe pielea cailor sau a vitelor, pentru a le identifica.

❊

DANIE (*s.n.*) – (ÎNV.) Faptul de a dărui bani, bunuri etc; dar.

DENIE (*s.n.*) – (în ritualul creștin ortodox) Slujbă religioasă de seară oficiată în fiecare zi a săptămânii dinaintea Paștilor.

❈

DÂRMON (*s.n.*) – Ciur cu găuri mari pentru cernut semințele.

DÂRMOZ (*s.m.*) – Arbust cu frunze late, și flori albe și cu fructe în formă de boabe roșii-negricioase.

❈

DĂULA (*vb.*) – (REG.) A (se) slei de puteri.

DĂUNA (*vb.*) – A pricinui cuiva o pagubă; a prejudicia.

❈

DEBLEIA (*vb.*) – A degaja un teren pentru realizarea unui debleu.

DEBREIA (*vb.*) – A desface legătura dintre două mecanisme cuplate printr-un ambreiaj.

❈

DECALA (*vb.*) – A (se) distanța în spațiu sau în timp în raport cu ceva; a se produce un decalaj.

DECALCA (*vb.*) – A copia, a transpune un desen copiat pe o hârtie transparentă.

❈

DECANTA (*vb.*) – A limpezi un lichid tulbure, în care se află particule solide în suspensie, scurgând lichidul limpezit după depunerea particulelor pe fundul vasului.

DECAPA (*vb.*) – **1.** A curăța de acizi sau de grăsimi o suprafață metalică în vederea prelucrării ulterioare. **2.** A nivela un teren sau un pavaj de asfalt prin înlăturarea unui strat subțire de la suprafață.

❈

DECAPAJ (*s.n.*) – Decapare.
DECUPAJ (*s.n.*) – Decupare.

❈

DECAPARE (*s.f.*) – Acțiunea de a decapa și rezultatul ei.
DECUPARE (*s.f.*) – Acțiunea de a decupa și rezultatul ei.

✻

DECAPITA (*vb.*) – A ucide, a executa pe cineva prin tăierea capului.
DECAPOTA (*vb.*) – A strânge sau a ridica capota unui automobil.

✻

DECATA (*vb.*) – A aplica țesăturilor din lână un tratament prin supunerea lor la acțiunea aburului sau a apei fierbinți, în vederea îmbunătățirii calității acestora.
DECAVA (*vb.*) – (FAM.) A pierde sau a face să piardă toți banii, a da sau a lua (cuiva) toți banii, a rămâne sau a lăsa pe cineva fără un ban, a (se) ruina (la jocul de cărți sau la alte jocuri de noroc.

✻

DECENT (*adj.*) – Cuviincios.

DOCENT (*s.m.*) – **1.** (în țara noastră), de obicei în sintagma „Doctor docent" = Titlu științific acordat doctorilor în științe care s-au distins printr-o activitate valoroasă. **2.** (în alte țări) Grad didactic onorific în învățământul superior.

✻

DECIMAL (*adj.*) – (rar) Zecimal.
DECIMAN (*adj.*) – (făcând referire la febră) Care revine în mod intermitent la zece zile.

✻

DECLAMA (*vb.*) – A rosti cu voce tare și cu gesturi adecvate un text literar.
DECLARA (*vb.*) – A anunța ceva pe cale orală sau în scris; a spune; a face cunoscut.

✻

DECLIC (*s.n.*) – Dispozitiv format dintr-o pârghie cu un cârlig la capăt, care permite eliberarea unei piese în raport cu alta.

DECLIN (*s.n.*) – **1.** Coborâre a unui astru pe bolta cerului înspre apus. **2.** (*fig.*) Sfârșitul gloriei unei persoane, a unei țări etc.

❋

DECONCENTRANT (*vb.*) – A repartiza pe un spațiu mai larg.
DECONCERTAT (*adj.*) – (FRANȚUZISM) Tulburat, dezorientat, năucit.

❋

DECREPITA (*vb.*) – A (se) produce o decrepitare (ruperea cristalelor prin ridicarea bruscă a temperaturii lor).
DECRIPTA (*vb.*) – A descifra o corespondență cifrată.

❋

DECUPLA (*vb.*) – A desface elementele unui cuplu, ale unui sistem tehnic.
DECUPA (*vb.*) – A tăia bucăți dintr-o hârtie, dintr-o stofă etc, conform unui model.

❋

DEFERENT (*adj.*) – Plin de deferență.
DEFERENȚĂ (*s.f.*) – Respect, stimă, considerație deosebită.

❋

DEFERENȚĂ (*s.f.*) – Respect, stimă, considerație deosebită; condescendență.
DIFERENȚĂ (*s.f.*) – **1.** Ceea ce deosebește o ființă de alta, un lucru de altul; lipsă de asemănare; deosebire; nepotrivire. **2.** În sintagma „Diferență specifică" = trăsătură caracteristică a unei noțiuni, care o deosebește de celelalte noțiuni cuprinse în genul ei proxim. **3.** Rezultatul unei scăderi matematice. **4.** (GEOGR.) În sintagma „Diferență de nivel" = deosebire de altitudine între două puncte terestre.

❋

DEFERI (*vb.*) – A trimite pe cineva în fața unui organ

de judecată sau de urmărire penală.
DIFERI (*vb.*) – A fi deosebit de altcineva sau de altceva.

※

DELAȚIUNE (*s.f.*) – Denunțare (făcută în special cu rea intenție, pentru profituri personale); denunț.
DILAȚIUNE (*s.f.*) – (JUR.) Întârziere, amânare.

※

DELECTA (*vb.*) – A (se) desfăta, a (se) încânta.
DETECTA (*vb.*) – A identifica, a descoperi ceva ce este ascuns vederii.

※

DELEGAȚIE (*s.f.*) – Însărcinare de a se deplasa sau de a acționa în numele cuiva.
DELIGAȚIE (*s.f.*) – Aplicare a unui bandaj, a unui aparat sau a unui medicament extern.

※

DELUVIU (*s.n.*) – Material sedimentar rezultat din dezintegrarea rocilor, aflat în curs de scurgere sub influența apelor de șiroire pe pantele diferiților versanți.
DILUVIU (*s.n.*) – Potopul amintit în Biblie.

※

DEMOLA (*vb.*) – A dărâma o construcție sau un element de construcție (desfăcând piesă cu piesă).
DEMULA (*vb.*) – A scoate dintr-un tipar în care a fost modelat.

※

DENAR (*s.m.*) – Monedă romană, de obicei din argint.
DINAR (*s.m.*) – Monedă de aur sau argint de origine arabă, care a circulat și în Europa.

※

DENUNȚ (*s.n.*) – Informare privind săvârșirea unei infracțiuni de către o persoană, adresată unui organ de jurisdicție sau de urmărire penală.

ENUNȚ (*s.n.*) – Formulare, enunțare, expunere (a unei idei, a unei probleme); formulă.

❊

DEPANA (*vb.*) – A repune în stare de funcționare un autovehicul, în urma unei pene.

DEPĂNA (*vb.*) – A înfășura firele textile dintr-un scul pe un mosor sau de pe un fus într-un scul.

❊

DEPAVA (*vb.*) – A scoate pavajul.

DEPRAVA (*vb.*) – (făcând referire la oameni) A ajunge, a deveni depravat.

❊

DEPENDENȚĂ (*s.f.*) – Situația de a fi dependent.

DEPENDINȚĂ (*s.f.*) – Încăpere accesorie într-o locuință (bucătărie, baie, hol etc).

❊

DEROCA (*vb.*) – A curăța albia unui râu de mâl, nisip etc.

DEROGA (*vb.*) – A se abate (în mod excepțional) de la o lege, de la un act normativ etc, în temeiul unei aprobări speciale.

❊

DEROCARE (*s.f.*) – Acțiunea de a deroca și rezultatul ei.

DEROGARE (*s.f.*) – Acțiunea de a deroga și rezultatul ei.

❊

DERULA (*vb.*) – A desface, a desfășura ceva care a fost legat.

DERUTA (*vb.*) – A face pe cineva să se încurce, să se păcălească.

❊

DESCENTRA (*vb.*) – (făcând referire la piesele unui aparat) A face să-și piardă poziția simetrică față de centru.

DESCINTRA (*vb.*) – A îndepărta cintrele care au folosit la construirea unei bolți sau a unui arc.

❋

DESECA (*vb.*) – A înlătura apa, aflată în exces, de pe terenurile joase, în vederea cultivării lor.
DISECA (*vb.*) – A efectua o disecție.

❋

DEȘERT (*adj./s.*) – **1.** (*adj.*) Care nu conține nimic în interior. **2.** (*adj.*) (făcând referire la terenuri) Lipsit de viețăți și de vegetație. **3.** (*s.n.*) Pământ lipsit de orice formă de viață și de vegetație; pustietate, pustiu.
DESERT (*s.n.*) – Fel de mâncare (dulciuri, fructe etc.) care se servește la sfârșitul mesei.

❋

DESFĂȚA (*vb.*) – A scoate fețele sau învelitoarele din pânză de pe perne sau de pe plăpumi.

DESFĂTA (*vb.*) – A-și petrece timpul într-o stare de mulțumire, de bucurie; a petrece, a se distra.

❋

DESTINS (*adj.*) – Care a pierdut din încordare; (făcând referire la nervi) relaxat, liniștit.
DISTINS (*adj.*) – Care se remarcă prin însușirile sale; deosebit, remarcabil.

❋

DETONA (*vb.*) – A declanșa o explozie.
DETUNA (*vb.*) – (la pers. a III-a) A face un zgomot ca de tunet; a bubui.

❋

DETONATOR (*s.m.*) – Element, dispozitiv etc. care poate produce detonația unei substanțe explozive.
DETUNĂTOR (*adj./s.m.*) – **1.** (*adj.*) Care răsună puternic; bubuitor. **2.** (*s.m.*) Partea dindărăt a țevii unei arme de foc de infanterie,

în care intră tubul cartușului.

❊

DETORSIONA (*vb.*) – A înlătura o torsiune.
DISTORSIONA (*vb.*) – (făcând referire la aparate) A produce o distorsiune.

❊

DETORSIONAT (*adj.*) – Care nu mai este răsucit.
DISTORSIONAT (*adj.*) – Care prezintă distorsiuni.

❊

DETORSIUNE (*s.f.*) – Detorsionare.
DISTORSIUNE (*s.f.*) – A batere a unei oscilații, a unei imagini etc. de la forma inițială.

❊

DETRACA (*vb.*) – (LIVR., folosit numai la timpurile compuse) A se sminti, a se țicni.

DETRACTA (*vb.*) – (LIVR.) A ponegri, a defăima pe cineva.

❊

DETRACARE (*s.f.*) – (LIVR.) Faptul de a se detraca.
DETRACTARE (*s.f.*) – Acțiunea de a detracta.

❊

DEVIZ (*s.n.*) – Evaluare anticipată a cheltuielilor ce urmează a fi făcute pentru executarea unei lucrări.
DEVIZĂ (*s.f.*) – Formulă care exprimă concis o idee călăuzitoare în activitatea sau comportarea cuiva.

❊

DIACONIE (*s.f.*) – **1.** Calitatea de diacon. **2.** Timpul cât cineva exercită funcția de diacon.
DIACRONIE (*s.f.*) – Evoluție, desfășurare istorică a unui fenomen.

❊

DIATĂ (*s.f.*) – (înv.) Testament; prevedere testamentară.

DIETĂ (*s.f.*) – **1.** Regim alimentar special, recomandat în caz de boală, pentru păstrarea sănătății etc. **2.** În Evul Mediu (și în unele state contemporane), Adunare legislativă.

✻

DIFEREND (*s.n.*) – Deosebire de opinii între două sau mai multe persoane, state etc.

DIFERENȚĂ (*s.f.*) – Ceea ce deosebește o ființă de alta, un lucru de altul; deosebire.

✻

DIFIDENT (*adj.*) – Neîncrezător. Supărăcios.

DISIDENT (*s.m.*) – Persoană care are păreri sau opinii deosebite față de colectivitatea, organizația etc. din care face parte.

✻

DIFUZABIL (*adj.*) – Care poate fi difuzat.

DIFUZIBIL (*adj.*) – (făcând referire la lichide) Care difuzează cu ușurință.

✻

DIGESTE (*s.f.*) – (PL.) Culegere care cuprinde păreri ale juriștilor antici romani asupra problemelor de drept; pandecte.

DIGESTIE (*s.f.*) – Proces fiziologic complex prin care alimentele introduse în organism sunt transformate treptat în substanțe asimilabile; mistuire, digerare.

✻

DIGRESIUNE (*s.n.*) – Abatere, îndepărtare de la subiectul tratat.

DIVERSIUNE (*s.n.*) – **1.** Încercare de a schimba cursul unei acțiuni, de a abate (prin crearea unor false probleme) intențiile, gândurile, acțiunile sau planurile cuiva. **2.** Acțiune de luptă astfel dusă încât să-l inducă în eroare pe inamic asupra intențiilor reale de luptă. **3.** Acțiune politică întreprinsă cu scopul de a distrage atenția de la problemele reale ale vieții publice

❋

DIHANIE (*s.f.*) – **1.** Animal sălbatic; fiară, jivină. **2.** Ființă ciudată, monstruoasă; namilă, monstru. **3.** Ființă, vietate.

DIHONIE (*s.f.*) – (REG.) Neînțelegere care degenerează în vrajbă.

❋

DIJMAR (*s.m.*) – Persoană care strângea dijmele; dijmuitor.

DIJMAȘ (*s.m.*) – Țăran iobag obligat să plătească dijmă.

❋

DILATANT (*adj.*) – Dilatator.

DILETANT (*s.m.*) – Persoană care are preocupări într-un domeniu al artei, al științei sau al tehnicii, fără a avea pregătirea profesională corespunzătoare; amator.

DISCUTA (*vb.*) – A vorbi, a sta de vorbă cu cineva.

DISPUTA (*vb.*) – (făcând referire la persoane, colectivități) A lupta pentru dobândirea unui lucru, pentru întâietate, a fi în concurență.

❋

DISIMILA (*vb.*) – (făcând referire la sunetele vorbirii) A suferi o disimilație.

DISIMULA (*vb.*) – A ascunde adevărata față a unui lucru, a unei situații; a masca, a camufla.

❋

DISIMULAȚIE (*s.f.*) – Disimulare.

DISIMILAȚIE (*s.f.*) – (FON.) Modificare sau dispariție a unui sunet dintr-un cuvânt sub influența altui sunet, identic sau asemănător.

❋

DISPENSA (*vb.*) – **1.** A se lipsi de cineva sau de ceva. **2.** A scuti pe cineva de o obligație.
DISPERSA (*vb.*) – A (se) împrăștia, a (se) răspândi în toate părțile.

❋

DOCAR (*s.n.*) – Trăsură ușoară cu două sau cu patru roți.
DOGAR (*s.m.*) – Meșteșugar care face doage sau vase din doage.

❋

DOG (*s.m.*) – Câine mare de pază și de vânătoare, cu părul scurt și lins, cu urechile lăsate în jos și cu botul turtit.
DOGE (*s.m.*) – Titlu purtat de conducătorii politici ai unora dintre vechile republici aristocratice italiene; persoană care avea acest titlu.

❋

DOICĂ (*s.f.*) – **1.** Femeie care alăptează (și îngrijește) copilul altei femei. **2.** (rar) Dădacă.
DAICĂ (*s.f.*) – (OLT., MUNT.) **1.** Gospodină, stăpâna casei. **2.** Sora mai mare. (REG.) Dadă.

❋

DOLMAN (*s.m.*) – **1.** Haină ofițerească scurtă, îmblănită și împodobită cu brandenburguri. **2.** Haină bărbătească groasă, căptușită cu blană.
DOLMEN (*s.m.*) – Monument funerar megalitic, format dintr-o lespede mare de piatră așezată orizontal pe altele dispuse vertical.

❋

DON (*s.m.*) – Titlu de curtoazie cu care spaniolii se adresează bărbaților.
DONA (*s.f.*) – Titlu cu care spaniolii se adresează femeilor.

❋

DONATAR (*s.m.*) – Persoană căreia i se face o donație.
DONATOR (*s.m.*) – Persoană care face o donație.

❋

DRAM (*s.m.*) – Veche unitate de măsură pentru greutate și pentru capacitate.
DRAMĂ (*s.f.*) – **1.** Piesă de teatru cu caracter grav, în care este relatată imaginea vieții reale, cu conflicte puternice și complexe. **2.** (*fig.*) Întâmplare, situație nefericită.

❋

DRIL (*s.m.*) – Țesătură deasă și groasă din fire de bumbac sau de cânepă bine răsucite, care se folosește la confecționarea îmbrăcămintei de vară, a pânzei de cort etc.
TRIL (*s.m.*) – **1.** Ornament muzical constând din executarea rapidă și prelungită, cu vocea sau cu un instrument, a unui sunet de bază cu unul alăturat lui. **2.** Cântecul unor păsări care produce un efect sonor similar cu cel definit anterior.

❋

DRUȘCĂ (*s.f.*) – (REG.) Fată care însoțește mireasa la cununie și care are anumite atribuții la ceremonia nunții.
DUȘCĂ (*s.f.*) – Cantitate de băutură (alcoolică) care poate fi băută dintr-o singură înghițitură.

❋

DUBLON (*s.m.*) – Veche monedă spaniolă de aur.
DUBLOR (*s.m.*) – **1.** (TEHN.) Mașină pentru îndoit pachete de tablă în scopul laminării acesteia în foi subțiri. **2.** (ELECTR.) Dispozitiv, circuit etc. care dublează o anumită mărime.

❋

DUDĂ (*s.f.*) – Fructul dudului; agudă.

DUNĂ (*s.f.*) – Formă de relief cu aspectul unor coame paralele, apărute sub acțiunea vântului în regiunile nisipoase.

✻

DUEL (*s.n.*) – Luptă care se desfășoară după un anumit cod, între două persoane înarmate, în prezența unor martori, și care are ca scop tranșarea unui conflict personal.

DUET (*s.n.*) – Compoziție muzicală sau parte a unei compoziții muzicale care se execută pe două voci sau la două instrumente.

✻

DURAT (*s.m.*) – Acțiunea de a dura.

DURIT (*s.m.*) – Mineral organic amorf, de culoare neagră-cenușie, dur și mat, component al cărbunilor de pământ.

✻

DUZĂ (*s.f.*) – (TEHN.) **1.** Piesă tubulară folosită pentru reglarea presiunii sau a vitezei de scurgere la fluide. **2.** Piesă cu mai multe orificii prin care se trage mătasea în fire.

DRUZĂ (*s.f.*) – **1.** Grup de cristale care se formează pe pereții cavităților unor roci și filoane. **2.** Cristale din oxalat de calciu formate în unele țesuturi vegetale.

ECHIMOZĂ (*s.f.*) – Pată de culoare roșie-vineție, apărută pe piele prin ieșirea sângelui la suprafață în urma unei lovituri; vânătaie.

ENCHIMOZĂ (*s.f.*) – Răspândire de sânge în vasele de la suprafața pielii, fără să fi fost provocată de o lovitură exterioară.

✻

ECHITATE (*s.f.*) – Dreptate, nepărtinire.

ECHITAȚIE (*s.f.*) – (SPORT) Călărie.

✻

ECLEZIARH (*s.m.*) – Cleric care se ocupă de rânduiala serviciului religios într-o biserică sau mănăstire.

ECLEZIAST (*s.m.*) – Una dintre părțile Bibliei, atribuită împăratului Solomon.

✻

ECLIPSĂ (*s.f.*) – Dispariție totală sau parțială a imaginii unui astru datorită faptului că între Pământ și acel astru se interpune un alt astru sau din cauză că astrul eclipsat se află în conul de umbră al altui astru.

ELIPSĂ (*s.f.*) – **1.** Locul geometric al punctelor dintr-un plan pentru care suma distanțelor la două puncte fixe, numite focare, este constantă. **2.** Figură de stil care constă în omiterea din vorbire sau din scris a unor elemente care se subînțeleg sau care nu sunt absolut necesare pentru înțelesul comunicării.

✻

ELIPSĂ (*s.f.*) – **1.** Locul geometric al punctelor dintr-un plan pentru care suma distanțelor la două puncte fixe, numite focare, este constantă. **2.** Figură de stil care constă în omiterea din vorbire sau din scris a unor elemente care se subînțeleg sau care nu sunt absolut necesare pentru înțelesul comunicării.

ECLISĂ (*s.f.*) – **1.** Piesă plată de metal, de lemn etc, cu care se acoperă rostul dintre două piese. **2.** (la PL.) Pereții laterali ai unui instrument cu coarde.

❈

ECLOZA (*vb.*) – (FRANȚUZISM) **1.** (făcând referire la pui) A ieși din găoace. **2.** (făcând referire la flori) A se deschide, a înflori. **3.** (*fig.*) A se naște, a se ivi, a apărea.

ECLUZĂ (*s.f.*) – Construcție hidrotehnică specială, executată pe traseul unei căi navigabile, care permite trecerea navelor dintr-o porțiune a traseului cu nivel de apă mai ridicat în altă porțiune cu nivel de apă mai scăzut și invers. **2.** În sintagma „Ecluză de salvare" = cameră metalică, de formă tronconică, montată pe corpul unui submarin, care permite ieșirea echipajului în caz de naufragiu fără inundarea submarinului.

❈

ECUADOR (*s.*) - Stat în America de Sud.

ECUATOR (*s.n.*) – (GEOGR.) Cerc imaginar pe suprafața pământului care împarte globul pământesc în două emisfere și care reprezintă cercul de referință al latitudinii terestre.

❈

EDEM (*s.n.*) – (MED.) Acumulare de lichid seros în spațiile intercelulare ale organelor și țesuturilor.

EDEN (*s.n.*) – (LIVR.) Rai. paradis; (*fig.*) frumos, încântător.

❈

EDENIC (*adj.*) – De rai; (*fig.*) frumos, încântător.

ENDEMIC (*adj.*) – (făcând referire la plante sau animale) Care trăiește numai pe un anumit teritoriu; (făcând referire la boli) care are cauze locale, specifice unei anumite regiuni.

❋

EFECT (*s.n.*) – **1.** Fenomen care rezultă în mod necesar dintr-o anumită cauză; consecință. **2.** Impresie produsă de cineva sau de ceva asupra unei persoane.

EFET (*s.m.*) – Judecător care făcea parte dintr-un tribunal penal în Atena antică.

❋

EFECTIV (*adj.*/s.) – **1.** (*adj.*) Real, adevărat. **2.** (*s.n.*) Numărul indivizilor care fac parte dintr-o colectivitate.

ELECTIV (*adj.*) – Bazat pe alegeri; care are dreptul sau scopul de a alege.

❋

EFERENT (*adj.*) – Care duce în afară.

AFERENT (*adj.*) – **1.** Care este în legătură cu ceva, care depinde de ceva sau decurge din ceva. **2.** (JUR.) Care se cuvine sau revine cuiva. **3.** (anat.) În sintagmele: „Vase aferente" = vase care se varsă în altele sau pătrund într-un organ. „Nervi aferenți" = nervi care transmit excitațiile periferice centrilor nervoși.

❋

EFLUENT (*adj.*) – (TEHN.) (făcând referire la lichide) Care iese dintr-o instalație.

AFLUENT (*s.m.*) – Nume dat unei ape curgătoare secundare, considerată astfel în raport cu apa curgătoare mai mare în care se varsă.

❋

EFLUX (*s.m.*) – Scurgere de fluid dintr-o masă (de fluid) care se găsește în stare de repaus sau în mișcare.

AFLUX (*s.m.*) – **1.** Afluență, îngrămădeală, îmbulzeală. **2.** Acumulare a unui lichid într-o parte a corpului.

❋

EFORIE (*s.f.*) – Instituție administrativă de utilitate publică sau culturală din trecut.

EUFORIE (*s.f.*) – Stare care se manifestă printr-o senzație de bună dispoziție exagerată, de optimism nemotivat și care apare în unele boli nervoase sau este provocată de unele substanțe narcotice; beatitudine.

❋

EGALARE (*s.f.*) – Acțiunea de a (se) egala.

ELAGARE (*s.f.*) – Operațiune de îndepărtare a crăcilor din partea inferioară a tulpinii arborilor, aplicată în exploatările forestiere.

❋

EGALIZATOR (*adj.*) – Care egalizează, care produce egalizarea.

EGALIZOR (*s.f.*) – (TEHN.) Corector al caracteristicii de frecvență a unui sistem electro-acustic.

❋

EGOISM (*s.n.*) – Atitudine de preocupare exagerată pentru interesele personale și de indiferență față de interesele celorlalți.

EGOTISM (*s.n.*) – Atitudine individualistă caracterizată prin acordarea unei importanțe exagerate propriei persoane.

❋

EGOIST (*adj.*) – Stăpânit de egoism.

EGOTIST (*adj.*) – Stăpânit de egotism.

❋

ELEAT (*s.m.*) – Reprezentant al școlii filozofice grecești din Elea.

ELEVAT (*adj.*) – Nobil, superior, rafinat.

❋

ELECTIV (*adj.*) – Bazat pe alegeri; care are scopul sau dreptul de a alege.

EFECTIV (*adj./s.m.*) – **1.** (*adj.* adesea adverbial) Real, adevărat. **2.** (*s.m.*) – Numărul indivizilor care fac parte dintr-o colectivitate, mai ales dintr-o unitate sau formație militară.

❋

ELECTOR (*s.m.*) – Persoană care are din partea unui grup de oameni împuternicirea de a alege prin vot pe cineva.

ERECTOR (*adj.*) – (ANAT; făcând referire la mușchi) Care servește la ridicarea anumitor organe.

❋

ELECTROFON (*adj.*) – (făcând referire la instrumente muzicale) Care se caracterizează prin transformarea oscilațiilor electrice în sunete.

ELECTROFOR (*s.n.*) – Dispozitiv pentru experiențe de laborator.

❋

ELIDA (*vb.*) – A înlătura, în scris sau în vorbire, vocala finală a unui cuvânt înaintea vocalei inițiale a cuvântului următor.

ELUDA (*vb.*) – A ocoli, a evita intenționat.

❋

ELITĂ (*s.f.*) – Grup de persoane care reprezintă ceea ce este mai valoros într-o comunitate, societate etc.

ELITRĂ (*s.f.*) – Fiecare din cele două aripi externe sau anterioare, tari și impregnate cu chitină, ale insectelor coleoptere.

❋

ELIZEU (*s.n.*) – Loc unde, în vechime, se credea că se duc sufletele celor virtuoși.

ALIZEU (*s.n.*) – Vânt regulat care suflă în tot cursul anului în zonele tropicale.

❉

ELOCUȚIUNE (*s.f.*) – **1.** Mod de a exprima gândirea prin cuvinte. **2.** Selectarea și ordonarea cuvintelor într-un discurs.
ALOCUȚIUNE (*s.f.*) – Scurtă cuvântare ocazională.

❉

ELUVIUNE (*s.f.*) – Proces de formare a eluviilor; produse ale acestui proces.
ALUVIUNE (*s.f.*) – Material format din bolovani, mâl, pietriș și nisip, adus de apele curgătoare și depus pe fundul albiei, pe luncă sau la vărsare.

❉

EMBRIOM (*s.m.*) – (MED.) Tumoare de origine embrionară.
EMBRION (*s.m.*) – **1.** Nume dat oricărui organism din momentul fecundării ovulului până în momentul când toate organele sunt deplin formate și organismul este capabil de viață independentă. **2.** Germen al unei plante, existent în sămânța din care planta va lua naștere prin germinație. **3.** (*fig.*) Început al unui lucru, al unei acțiuni etc.; prima fază a dezvoltării unui proces.

❉

EMERGENT (*adj.*) – (făcând referire la un corp, o radiație etc.) Care iese dintr-un mediu după ce l-a traversat.
IMERGENT (*adj.*) – (făcând referire la raze luminoase) Care străbate un mediu oarecare.

❉

EMERSIUNE (*s.f.*) – Stare în care se găsește un corp plutitor cufundat parțial într-un lichid.
IMERSIUNE (*s.f.*) – Afundare totală sau parțială a unui corp într-un lichid.

❉

EMETIC (*s.n.*) – Tartrat de antimoniu și potasiu, utilizat în industria textilă și medicină (ca vomitiv); orice substanță care provoacă vărsături.

ERMETIC (*adj.* adesea adverbial) – **1.** Care închide perfect sau care este perfect închis; care nu lasă să pătrundă sau să iasă nimic. **2.** (*fig.*) Greu de înțeles. **3.** „Poezie ermetică" = poezie caracterizată prin ermetism.

❋

EMIGRA (*vb.*) – A pleca din țară pentru a se stabili (temporar sau definitiv) într-o altă țară.

IMIGRA (*vb.*) – A veni într-o țară străină pentru a se stabili aici.

❋

EMIGRANT (*s.m./adj.*) – Persoană care emigrează.

IMIGRANT (*s.m.*) – Persoană care imigrează.

❋

EMIGRAȚIE (*s.f.*) – **1.** Situație în care se găsește o persoană emigrată. **2.** Timpul cât cineva este emigrat. **3.** Totalitatea persoanelor emigrate din aceeași țară, în același loc, într-o anumită epocă.

IMIGRAȚIE (*s.f.*) – **1.** Situație în care se află cel imigrat. **2.** Totalitatea imigrărilor dintr-o perioadă determinată.

❋

EMINENT (*adj.*) – Care se remarcă prin calități intelectuale deosebite; excepțional, remarcabil.

EMITENT (*adj.*) – Care emite hârtii de valoare, bancnote etc.

❋

EMINENȚĂ (*s.f.*) – **1.** Titlu dat cardinalilor și (în vechime) episcopilor catolici. **2.** „Eminență cenușie" = Persoană influentă care manevrează, din umbră, un personaj oficial.

IMINENȚĂ (*s.f.*) – Faptul de a fi iminent; starea unui lucru sau a unei situații iminente.

❋

EMIȚĂTOR (*adj.*/s.) – **1.** (*adj.*) Care emite. **2.** (*s.n.*) Aparat care emite unde sonore sau electromagnetice.
EMITOR (*s.m.*) – (ELECTRON.) Electrod al unui tranzistor.

❋

EMU (*s.m.* INVAR.) – Pasăre terestră de talie mare, originară din Australia și din Tanzania, asemănătoare cu struțul, dar lipsită de creastă (*Dromiceius novaehollandiae*).
EMUL (*s.m.*) – Persoană care se străduiește să egaleze sau să întreacă pe cineva într-un domeniu de activitate.

❋

EMULSIE (*s.f.*) – **1.** Amestec dispers format din două lichide insolubile unul în celălalt. **2.** Strat sensibil la acțiunea luminii, depus pe plăcile și pe filmele fotografice.
EVULSIE (*s.f.*) – (LIV.) Smulgere; scoatere; extracție prin smulgere.

❋

ENCARPĂ (*s.f.*) – Ghirlandă de flori, de fructe în relief, folosită ca ornamentație în construcțiile antice.
ESCARPĂ (*s.f.*) – Baraj antitanc realizat prin săparea de taluzuri în versanții îndreptați spre inamic.

❋

ENDOCARD (*s.n.*) – Membrană fină care căptușește cavitățile și valvele inimii.
ENDOCARP (*s.n.*) – Țesut intern care îmbracă și protejează sămânța unor fructe.

❋

ENDODERM (*s.n.*) – Foiță internă a embrionului animalelor superioare, din care provin tubul digestiv și glandele anexe.

ENDOTERM (*adj.*) – (făcând referire la fenomene fizice sau chimice) Care se produce cu absorbție de căldură din mediul înconjurător.

❋

ENDOPLASMĂ (*s.f.*) – Partea internă sau centrală a celulei la organismele monocelulare.

ENDOPLASTĂ (*s.f.*) – Masă protoplasmatică, formând nucleul celulei infuzorilor.

❋

ENEADĂ (*s.f.*) – (rar) Reunire de nouă lucruri asemănătoare sau de nouă persoane.

ENEODĂ (*s.f.*) – Tub electronic cu nouă electrozi, utilizat în radioreceptoarele cu modulație de frecvență.

❋

ENERVA (*vb.*) – A face să-și piardă sau a-și pierde calmul; a (se) înfuria.

INERVA (*vb.*) – (făcând referire la nervi) A produce o stare de excitare a unui organ sau țesut.

❋

ENIGMATIC (*adj.*) – Care constituie o enigmă; tainic, misterios.

ENIGMISTIC (*adj.*) – Care ține de știința jocurilor distractive (rebus, criptograme etc).

❋

ENOLOG (*s.m.*) – Specialist în enologie.

ETNOLOG (*s.m.*) – Specialist în etnologie.

❋

ENOLOGIE (*s.f.*) – Știință care se ocupă cu vinificația și cu studiul produselor derivate ale viei și ale vinului.

ETNOLOGIE (*s.f.*) – Știință care studiază liniile directoare ale structurii și evoluției popoarelor, având un conținut tangent cu alte discipline, ca etnografia, antropologia și istoria culturii.

✻

ENTOMOFIL (*adj.*) – (făcând referire la plante) La care polenizarea se face prin intermediul insectelor.

ENTOMOFIT (*adj.*) – (făcând referire la criptogame și bacterii) Care crește pe insecte.

✻

ENUNȚ (*s.m.*) – Formulare a datelor unei probleme, a unei judecăți; formulă prin care se exprimă ceva.

ANUNȚ (*s.m.*) – Înștiințare, de obicei scrisă și expusă public, cuprinzând informații de interes general; aviz.

✻

EOL – În mitologia greacă, Zeul Vânturilor.

EON (*s.m.*) – (FIL.) **1.** Spirit considerat de gnostici ca emanat dintr-o inteligență divină. **2.** Ansamblul forțelor eterne emanate de o ființă, care fac posibilă acțiunea sa asupra lucrurilor, în filozofia neoplatonicienilor și a gnosticilor.

✻

EPANȘAMENT (*s.*) – Acumulare de lichide în anumite țesuturi sau zone ale organismului.

EȘAPAMENT (*s.*) – Ansamblul organelor prin care se evacuează gazele arse dintr-un motor cu ardere internă.

✻

EPIC (*adj.*/s.) – **1.** (*adj.*) Care exprimă, în formă de narațiune, idei, sentimente, acțiuni ale eroilor unei întâmplări reale sau imaginare. **2.** (*s.f.*) Totalitatea operelor literare aparținând genului epic.

EPOS (*s.n.*) – (LIVR.) Epopee; povestire.

✻

EPICARD (*s.n.*) – Învelișul extern al inimii.

EPICARP (*s.n.*) – Membrană externă care acoperă fructul unei plante.

❋

EPIDEMIC (*adj.*) – (făcând referire la boli) Cu caracter de epidemie; molipsitor.

EPIDERMIC (*adj.*) – Care aparține epidermei, privitor la epidermă.

❋

EPIFIL (*adj.*) – (BOT.) Care se dezvoltă pe frunze.

EPIFIT (*adj.*) – (făcând referire la plante; și substantivat) Care trăiește fixat pe altă plantă fără a fi parazit, aceasta servindu-i numai ca sprijin.

❋

EPIGEU (*adj.*) – (făcând referire la animale, plante) Care trăiește, crește la suprafața solului.

APOGEU (*s.m.*) – **1.** Punct culminant în dezvoltarea unui fenomen, a unei acțiuni etc. **2.** Punctul cel mai depărtat de pământ la care se află un astru pe orbita sa.

❋

EPRUBETĂ (*s.f.*) – Tub de sticlă cu pereți subțiri și rezistenți, închis la un capăt, folosit în laboratoare.

EPRUVETĂ (*s.f.*) – Piesă de probă confecționată dintr-un anumit material, pentru a fi supusă unor încercări în vederea determinării materialului respectiv.

❋

ERETIC (*s.m.*) – Adept, susținător al unei erezii.

EROTIC (*adj.*) – Privitor la dragoste.

❋

ERISTIC (*adj./s.*) – **1.** (*adj.*) Care aparține eristicii. **2.** (*s.m.*) Artă a disputei, a controversei, care folosește argumente subtile sau recurge la artificii sofisticate.

EURISTIC (*adj.*) – (făcând referire la procedee metodologice) Care servește la descoperirea unor cunoștințe noi.

✳

EROARE (*s.f.*) – Cunoștință, părere greșită; greșeală.

ERODARE (*s.f.*) – Acțiunea de a (se) eroda și rezultatul ei; eroziune.

✳

ESCALĂ (*s.f.*) – Oprire prevăzută în itinerarul unui avion sau vapor pentru aprovizionare, pentru debarcarea sau îmbarcarea pasagerilor etc.

ESCARĂ (*s.f.*) – Crustă negricioasă care se formează ca urmare a modificării unor țesuturi superficiale ale organismului.

✳

ESCHILĂ (*s.f.*) – (MED.) Bucată mică, așchie desprinsă dintr-un os fracturat.

ESCHIVĂ (*s.f.*) – Procedeu tehnic de apărare folosit în box, care constă în aplecarea laterală a capului sau îndoirea picioarelor, pentru a lăsa lovitura adversarului să treacă pe alături sau pe deasupra.

✳

ESPADRILĂ (*s.f.*) – Încălțăminte ușoară de pânză cu talpă de sfoară sau dintr-un material special.

ESCADRILĂ (*s.f.*) – **1.** Subunitate tactică a unui regiment de aviație, compusă din câteva patrule. **2.** Grupare compusă din 3-4 nave de luptă (distrugătoare, vedete, dragoare).

✳

ESTIMAȚIE (*s.f.*) – **1.** Prețuire, evaluare, apreciere, estimare. **2.** În sintagma „Estimație forestieră" = disciplină care se ocupă cu evaluarea pădurilor.

ESTIVAȚIE (*s.f.*) – Stare de viață latentă prin care trec vara unele animale din regiuni calde și secetoase.

✻

ESTIVAL (*adj.*) – De vară, din timpul verii; care ține pe timpul verii.
FESTIVAL (*s.m.*) – Manifestare artistică (muzicală, teatrală etc.) cuprinzând o serie de reprezentații și având caracter festiv.

✻

EȘALON (*s.f.*) – Fiecare dintre elementele componente ale dispozitivului unei unități militare, destinate să îndeplinească o misiune de luptă.
ETALON (*s.f.*) – Mărime, greutate etc. acceptată oficial în știință, tehnică sau în relațiile economice drept unitate de bază într-un sistem de măsurare.

✻

ETAPIZA (*vb.*) – A împărți în mai multe etape.
ETATIZA (*vb.*) – A trece un bun în administrarea statului.

✻

ETERIZA (*vb.*) – A anestezia cu eter.
ETERNIZA (*vb.*) – A face să dureze fără sfârșit, să rămână în amintirea posterității.

✻

ETIC (*adj.*) – Bazat pe etică; moral; care respectă normele morale.
ETNIC (*adj.*) – Făcând referire la apartenența la un popor; privitor la cultura și civilizația specifice unui popor.

✻

ETIMOLOGIE (*s.f.*) – **1.** Stabilire a originii unui cuvânt prin explicarea evoluției lui fonetice și semantice. **2.** Ramură a lingvisticii care studiază originea cuvintelor unei limbi.

ETIOLOGIE (*s.f.*) – Ramură a medicinii care studiază cauzele bolilor și factorii care influențează apariția diverselor boli.

❋

ETNOLOGIE (*s.f.*) – Disciplină care se ocupă cu studierea liniilor directoare ale structurii și evoluției popoarelor.
ETOLOGIE (*s.f.*) – **1.** Disciplină care studiază moravurile, obiceiurile popoarelor. **2.** Ramură a biologiei moderne care studiază modul de viață, comportamentul animalelor și plantelor.

❋

EUFONIE (*s.f.*) – Succesiune armonioasă de vocale și consoane, care are drept efect o impresie acustică plăcută.
EUFORIE (*s.f.*) – Stare de bună dispoziție exagerată, de optimism nemotivat, care apare în anumite boli nervoase sau care este provocată de substanțe narcotice.

❋

EVADA (*vb.*) – (făcând referire la deținuți) A fugi din închisoare sau de sub pază.
EVAZA (*vb.*) – A lărgi progresiv, spre extremitatea deschisă, cavitatea unui obiect.

❋

EVADA (*vb.*) – (făcând referire la deținuți) A fugi din închisoare sau de sub pază.
EVIDA (*vb.*) – (făcând referire la obiecte de lemn sau de alt material) A lăsa vid în interior, scoțând o parte din materie; a exciza; a scobi.

❋

EVALUA (*vb.*) – A stabili prețul, valoarea, cantitatea; a calcula, a socoti.
EVOLUA (*vb.*) – A trece printr-o serie de transformări, prin diferite faze progresive,

spre o treaptă superioară; a se dezvolta; a-și urma cursul.

※

EVERSIUNE (*s.f.*) – **1.** (LIVR.) Răsturnare; ruinare. **2.** (MED.) Ieșire a unei membrane din cavitatea ei naturală.
AVERSIUNE (*s.f.*) – Sentiment de dezgust sau de antipatie profundă față de cineva sau ceva.

※

EVERSIUNE (*s.f.*) – **1.** (LIVR.) Răsturnare; ruinare. **2.** (MED.) Ieșire a unei membrane din cavitatea ei naturală.
EVORSIUNE (*s.f.*) – Acțiune erozivă a apei curgătoare, care, căzând vertical, formează vârtejuri.

※

EXALTA (*vb.*) – A (se) înflăcăra peste măsură.
EXULTA (*vb.*) – A simți o mare bucurie, a fi foarte fericit.

※

EXCEDA (*vb.*) – (LIVR.) A întrece măsura, nivelul obișnuit.
EXCELA (*vb.*) – A se distinge, a se remarca în mod deosebit într-un domeniu.

※

EXCEPTA (*vb.*) – A lăsa deoparte, a nu cuprinde; a exclude.
EXCERPTA (*vb.*) – A extrage un material dintr-un text, în vederea studierii lui, a întocmirii unei lucrări științifice etc.

※

EXEGEZĂ (*s.f.*) – Interpretare, comentare, explicare istorică și filologică a unui text literar, religios, juridic.
EXEREZĂ (*s.f.*) – (MED.) Ablațiune.

※

EXOTERIC (*adj.*) – (făcând referire la doctrine, ritualuri etc.) Accesibil publicului larg, tuturor.

EZOTERIC (*adj.*) – (făcând referire la doctrine, ritualuri etc.) Care poate fi înțeles numai de cei inițiați; ascuns, secret.

✻

EXPECTORAȚIE (*s.f.*) – **1.** Secreție a căilor respiratorii, eliminată prin tuse; spută, flegmă. **2.** Eliminare prin tuse a produselor patologice din plămâni sau din căile respiratorii superioare; expectorare.

EXPECTAȚIE (*s.f.*) – (LIVR.) Așteptare, expectativă.

✻

EXPIA (*vb.*) – (LIVR.) **1.** A ispăși o greșeală, o vină. **2.** A muri.

EXPIRA (*vb.*) – **1.** A elimina din plămâni aerul. **2.** (făcând referire la un contract) A înceta să mai fie valabil. **3.** (făcând referire la un termen) A se împlini, a se termina.

✻

EXPLODA (*vb.*) – **1.** (făcând referire la explozive, proiectile etc.) A se descompune violent sub acțiunea căldurii sau a unui factor mecanic, dezvoltând brusc căldură și gaze sub presiune, care produc mișcări puternice și/sau zgomot mare (zguduituri, bubuituri etc.) **2.** (*fig.*) A interveni brusc și violent într-o discuție; a izbucni.

EXPLORA (*vb.*) – A cerceta o țară sau o regiune necunoscută ori puțin cunoscută, în scopul de a face descoperiri sau studii științifice.

✻

EXTORCA (*vb.*) – A obține un lucru de la cineva cu forța, prin amenințări, violență etc.

ESCROCA (*vb.*) – A obține, a dobândi prin mijloace frauduloase bunuri străine, a înșela; a săvârși o escrocherie.

FACIAL (*adj.*) – (ANAT.) (făcând referire la față) Care aparține feței.

FECIAL (*s.m.*) – Preot antic al lui Jupiter, cel care la romani încheia pacea, alianțele sau care declara războiul.

❊

FACTICE (*adj.*) – (LIVR.) Artificial, nefiresc, prefăcut.

FAPTICE (*adj.*) – Care se referă la fapte, la întâmplări; care înregistrează faptele, fără a le comenta.

❊

FACȚIUNE (*s.f.*) – Grup de persoane unite pe baza unor interese politice comune; partidă.

FICȚIUNE (*s.f.*) – Reprezentare produsă de imaginația cuiva și care nu corespunde realității; născocire.

❊

FACTURĂ (*s.f.*) – **1.** Structură, constituție (psihică, intelectuală, morală). **2.** Act justificativ în care sunt înregistrate vânzările de mărfuri, serviciile prestate etc; formular tipărit pe care pe care se întocmește un astfel de act.

FRACTURĂ (*s.f.*) – **1.** (MED.) Ruptură a unui os sau a unui cartilaj. **2.** (TEHN.) Suprafață neregulată rezultată la ruperea sau la spar- gerea unui obiect.

❊

FAD (*adj.*) – **1.** (făcând referire la mâncăruri) Fără gust; searbăd. **2.** (*fig.*) Lipsit de expresie, insipid, anost.

FALD (*s.n.*) – Cută formată la o haină.

❊

FAG (*s.m.*) – Copac înalt, cu coaja netedă, alburie sau cenușie, cu lemnul tare și cu frunze ovale și lucioase.

FRAG (*s.m.*) – Mică plantă erbacee din familia rozaceelor, cu tulpină scurtă, cu frunze distribuite în rozetă, cu flori albe și cu fructe mici, conice, roșii sau albicioase.

❋

FALIE (*s.f.*) – (geol) Ruptură apărută în scoarța Pământului ca urmare a mișcărilor tectonice verticale, care desparte două grupuri de straturi.

FULIE (*s.f.*) – (bot.) Narcisă.

❋

FALIE (*s.f.*) – (GEOL.) Ruptură apărută în scoarța Pământului, ca urmare a mișcărilor tectonice verticale, care desparte două grupuri de straturi; fractură.

FOLIE (*s.f.*) – **1.** Foiță subțire (de aur, aluminiu, material plastic) având diverse întrebuințări. **2.** (FAM.) Veselie zgomotoasă, grozăvie, nebunie plină de satisfacții. **3.** (CONCR.) Lucru grozav, extrem de plăcut, care produce o impresie vie.

❋

FALIMENT (*s.n.*) – Situație de insolvabilitate în care se află un comerciant, un industriaș, declarată de o instituție judiciară; ruină.

FILAMENT (*s.n.*) – **1.** Formație în formă de fir lung și subțire a unor celule din țesuturile animale sau vegetale. **2.** Fir metalic foarte subțire din interiorul becurilor electrice sau al tuburilor catodice.

❋

FAMILIAL (*adj.*) – Care aparține familiei; făcând referire la familie, destinat familiei.

FAMILIAR (*adj.*) – **1.** (făcând referire la exprimare, limbaj, stil) Care este folosit în vorbirea obișnuită; simplu. **2.** (făcând referire la comportamente) Simplu, prietenos. **3.** Care este binecunoscut, obișnuit cuiva.

❋

FANAL (*s.n.*) – (înv.) Felinar mare.

FANAT (*adj.*) – (făcând referire la legume, flori) Care și-a pierdut prospețimea; veștejit, ofilit, trecut.

❋

FANAT (*adj.*) – (făcând referire la legume, flori) Care și-a pierdut prospețimea; veștejit, ofilit, trecut.

FAMAT (*adj.*) – În sintagma „Rău famat" = Care are o reputație proastă; deocheat.

❋

FANION (*s.n.*) – Steguleț ce servește de obicei pentru semnalizări (în armată, în sport, la căile ferate).

FANON (*s.n.*) – **1.** Fiecare dintre lamele cornoase fixate de maxilarul superior al balenelor. **2.** Îndoitură a pielii de pe marginea inferioară a gâtului, la bovine și la unele rase de ovine.

❋

FANTĂ (*s.f.*) – (TEHN.) Deschidere sau crăpătură îngustă într-un perete etc.

FANTE (*s.m.*) – **1.** (FAM. ȘI PEIOR.) Bărbat tânăr afemeiat. **2.** Carte de joc reprezentând figura unui tânăr; valet.

❋

FANTE (*s.m.*) – **1.** (FAM. ȘI PEIOR.) Bărbat tânăr afemeiat. **2.** Carte de joc reprezentând figura unui tânăr; valet.

FENTĂ (*s.f.*) – (SPORT) Procedeu tehnic care include mai multe mișcări executate rapid, în scopul inducerii în eroare a adversarului și al obținerii unui avantaj asupra acestuia.

❋

FANTAST (*s.m.*) – (LIVR.) Persoană dominată de idei nerealizabile, ireale sau fantastice.
FANTASTIC (*adj.*) – **1.** Care nu există în realitate; ireal. **2.** Care pare o plăsmuire a imaginației; extraordinar, grozav. **3.** (făcând referire la oameni) Bizar, fantezist.

❋

FANTOMĂ (*s.f.*) – Ființă ireală pe care cred că o văd unii oameni sau pe care o creează fantezia scriitorilor; nălucă.
FANTOȘĂ (*s.f.*) – (LIVR., adesea FIG.) Marionetă.

❋

FARD (*s.n.*) – Produs cosmetic alb, roșu, verde, albastru etc. pentru colorat fața, ochii și buzele; suliman, boia, boială.

FART (*s.n.*) – Unsoare pentru schiuri.

❋

FASCICUL (*s.n.*) – Grup alcătuit din mai multe elemente de același fel, așezate în formă de mănunchi.
FASCICULĂ (*s.f.*) – Fiecare dintre părțile unei opere unice care se publică în etape succesive.

❋

FAUN (*s.m.*) – Zeu al fecundității din mitologia romană; divinitate romană campestră, protectoare a câmpiilor, turmelor și pădurilor, întruchipând un bărbat cu coarne și cu picioare de țap.
FAUR (*s.m.*) – **1.** (POP.) Februarie. **2.** (ÎNV.) Fierar.

❋

FAUN (*s.m.*) – Zeu al fecundității din mitologia romană; divinitate romană campestră, protectoare a câmpiilor, turmelor și pădurilor, întruchipând un bărbat cu coarne și cu picioare de țap.

FAUNĂ (*s.f.*) – Totalitatea speciilor de animale de pe glob, dintr-o regiune, dintr-o epocă geologică etc.

❋

FAZĂ (*s.f.*) – **1.** Etapă distinctă din evoluția unui proces din natură sau din societate. **2.** (FIZ.) Argument al unei mărimi care variază sinusoidal în timp și care caracterizează mărimea.

FRAZĂ (*s.f.*) – **1.** Îmbinare de două sau mai multe propoziții, aflate în raport de coordonare sau subordonare. **2.** În sintagma „Frază muzicală" = Unitate muzicală dintr-o succesiune de sunete cu un sens expresiv propriu.

❋

FAZOTRON (*s.m.*) – (FIZ.) Accelerator de particule de tipul ciclotronului, folosit pentru energii mai mari, în care particulele sunt accelerate într-un câmp electric alternativ cu frecvență variabilă.

FAZITRON (*s.m.*) – Tub electronic care realizează modulații ale oscilațiilor de înaltă frecvență.

❋

FEDER (*s.m.*) – Mică proeminență prevăzută în lungul muchiei unei piese de lemn sau de metal, care intră în nutul corespunzător al altei piese pentru a asigura o îmbinare perfectă; lambă.

FIDER (*s.m.*) – Linie electrică fără derivație, care leagă direct o centrală electrică cu posturile de transformare sau posturile principale de transformare cu cele secundare sau de distribuție.

❋

FELON (*s.n.*) – Pelerină scurtă purtată de preot peste celelalte veșminte, în timpul slujbei religioase.

MELON (*s.m.*) – Pălărie din fetru cu calotă rotundă și bombată, cu boruri înguste, îndoite în sus, purtată de bărbați; gambetă.

✻

FELON (*s.n.*) – Pelerină scurtă purtată de preot peste celelalte veșminte, în timpul slujbei religioase.

FENOL (*s.m.*) – (CHIM.) Compus organic derivat din benzen, folosit în farmacie și în industrie.

✻

FENOL (*s.m.*) – (CHIM.) Compus organic derivat din benzen, folosit în farmacie și în industrie.

FENIL (*s.m.*) – (CHIM.) Radical organic monovalent, rezultat din benzen prin înlăturarea unui atom de hidrogen.

✻

FERITĂ (*s.f.*) – Compus al unor metale bivalente cu oxizi de fier, având proprietăți magnetice superioare și conductibilitate electrică redusă.

PIRITĂ (*s.f.*) – Sulfură de fier naturală, de culoare galbenă, cristalizată în sistem cubic, folosită mai ales ca materie primă la fabricarea acidului sulfuric.

✻

FERMENT (*s.n.*) – (BIOL.) Substanță produsă de celulele vii, cu rol esențial în reglarea proceselor metabolice.

FERVENT (*adj.*) – (făcând referire la oameni) Care pune pasiune în ceea ce face, care lucrează cu ardoare.

✻

FEROCE (*adj.* INVAR.) – Crud, nemilos, sălbatic, violent, sângeros. Care exprimă sau trădează cruzime, sălbăticie, violență.

VELOCE (*adj./adv.*) – **1.** (*adj.* INVAR.) Sprinten, ușor; iute. **2.** (*adv.*) (MUZ.) (făcând referire la o indicație de execuție) Repede, iute.

❋

FERVID (*adj.*) – (LATINISM) Arzător, strălucitor.
SORDID (*adj.*) – (LIVR.) Murdar, dezgustător.

❋

FESTĂ (*s.f.*) – Păcăleală; farsă.
FIESTĂ (*s.f.*) – Serbare, sărbătoare populară în țările de limbă spaniolă.

❋

FIBRILĂ (*s.f.*) – Element constitutiv al unei fibre.
FIBRINĂ (*s.f.*) – Proteină care se găsește în sânge și în limfă.

❋

FICȚIUNE (*s.f.*) – Reprezentare produsă de imaginația cuiva și care nu corespunde realității sau nu are corespondent în realitate: plăsmuire a imaginației; născocire.
FRICȚIUNE (*s.f.*) – **1.** Metodă de tratament prin acțiunea factorului mecanic și termic asupra organismului; masaj. **2.** (mai ales la PL. – *fricțiuni*) Ciocnire de interese sau de opinii contrare; divergență de păreri. **3.** (*fig.*) Acțiune de frecare a corpurilor.

❋

FIDEL (*adj.*) – **1.** Statornic în sentimente, în convingeri; devotat, credincios. **2.** Care reproduce, urmează întocmai un model, o normă etc.
FIDER (*s.n.*) – Linie electrică fără derivație.

❋

FIGURANT (*s.m.*) – Persoană care participă la desfășurarea acțiunii unei piese de teatru, a unei opere, a unui film etc, doar prin gesturi sau prin prezența fizică, fără a rosti vreo replică.

FIGURAT (*adj.*) – (făcând referire la cuvinte, expresii sau făcând referire la sensul lor) întrebuințat cu alt sens decât cel obișnuit, de obicei pentru obținerea unor efecte stilistice.

❋

FILET (*s.n.*) – Șanț elicoidal tăiat pe suprafața unei piese și care servește la asamblarea acesteia prin înșurubare.

FILETĂ (*s.f.*) – Unealtă folosită în lucrările de legătorie pentru aplicarea de ornamente aurite pe cotorul și pe coperta cărților.

❋

FILET (*s.n.*) – Șanț elicoidal tăiat pe suprafața unei piese și care servește la asamblarea acesteia prin înșurubare.

FILEU (*s.n.*) – Rețea deasă de ață, sfoară etc, cu ochiuri înnodate în diverse forme, care servește la confecționarea plaselor de pescuit, perdelelor etc.

❋

FILON (*s.n.*) – Zăcământ cu aspect de plăci format în crăpăturile scoarței pământului.

PILON (*s.n.*) – (adesea *fig.*) **1.** Stâlp puternic care susține o construcție sau o parte a unei construcții. **2.** Element decorativ în formă de stâlp prismatic, așezat la capătul unui pod (de o parte și de alta), la intrarea într-o expoziție etc. **3.** Construcție masivă la monumente sau la temple, de o parte și de alta a intrării. **4.** Suport de metal, de beton armat sau de lemn care servește la susținerea conductelor și izolatoarelor liniilor electrice aeriene, a antenelor electromagnetice etc.

❋

FILTRA (*vb.*) – A separa părțile omogene dintr-un amestec eterogen cu ajutorul unui filtru.

FLIRTA (*vb.*) – A cocheta, a fi în flirt cu cineva.

※

FIȘĂ (*s.f.*) – Foaie mică de hârtie pe care se fac însemnări în diferite scopuri: realizarea unei lucrări, a unor calcule etc.

FISĂ (*s.f.*) – Mică placă de metal, de plastic, etc, care, în baza unei convenții, poate fi folosită ca monedă sau ca instrument de plata.

※

FITIL (*s.n.*) – Fir de bumbac care se introduce în interiorul lumânărilor.

FUTIL (*adj.*) – (LIVR.) Lipsit de valoare, de importanță; inutil.

※

FIȚOS (*adj.*) – **1.** Mofturos, capricios. **2.** Încrezut; prețios. **3.** (*fig.*) Căutat, studiat. **4.** (făcând referire la lucruri) prețios, scump, costisitor.

VIȚOS (*adj.*) – (POP.) (făcând referire la rădăcinile plantelor) Cu ramificații numeroase și lungi.

※

FLACID (*adj.*) – (rar) Flasc.
PLACID (*adj.*) – Calm, potolit, blajin.

※

FLAGRANT (*adj.*) – Care sare în ochi; izbitor.
FRAGRANT (*adj.*) – (rar) Mirositor, parfumat.

※

FLAN (*s.n.*) – Fel de prăjitură cu cremă și fructe.
FLANC (*s.n.*) – Extremitatea din dreapta sau din stânga a unei formațiuni de luptă.

※

FLANȘĂ (*s.f.*) – Bordură la capătul unei piese care

constituie organul de legătură cu o altă piesă.

PLANȘĂ (*s.f.*) – Foaie de hârtie mai groasă pe care se reproduc desene, fotografii, picturi etc.

❋

FLASC (*adj.*) – Moale, fleșcăit.

FLAX (*s.n.*) – Țesut conjunctiv elastic care se elimină din carne la prepararea conservelor de carne și a mezelurilor.

❋

FLAX (*s.n.*) – Țesut conjunctiv elastic care se elimină din carne la prepararea conservelor de carne și a mezelurilor.

FLOX (*s.m.*) – Plantă erbacee originară din America de Nord, cultivată pentru florile sale viu colorate, reunite în corimb în vârful tulpinii; (POP.) *Brumărea*.

❋

FLEAC (*s.n.*) – Lucru neînsemnat, neimportant.

FLEC (*s.n.*) – Petic aplicat pe tocul încălțămintei.

❋

FLEAȘC (INTERJ.) – Cuvânt care redă sunetul produs la lovirea unui corp moale (și elastic).

FLEAȘCĂ (*s.f.*) – **1.** Materie moale și apătoasă, fără consistență; fleșcăială. **2.** (*fig.*) Om moale, lipsit de energie, molâu. **3.** (POP.) Palmă, lovitură dată cu palma.

❋

FLINT (*s.m.*) – **1.** Varietate de silice. **2.** „Sticlă flint" = sticlă optică cu indice de refracție relativ mare, fabricată dintr-un amestec de silicați de plumb și de potasiu.

FLINTĂ (*s.f.*) – Pușcă cu fitil, cu țeavă lungă, cocoș și cremene, folosită în trecut; sâneață.

❋

FLIT (*s.n.*) – **1.** (REG.) Bot, rât. **2.** Insecticid (denumire comercială).

FLIRT (*s.n.*) – Conversație ușoară, cu aluzii de dragoste, între un bărbat și o femeie.

✵

FLIT (*s.n.*) – **1.** (REG.) Bot, rât. **2.** Insecticid (denumire comercială).

CLIT (*s.n.*) – (POP.) Grămadă de obiecte omogene în care elementele constitutive sunt așezate ordonat unele peste altele; teanc.

✵

FLORAL (*adj.*) – Care ține de floare; privitor la floare.

FLORAR (*s.m.*) – **1.** Persoană care cultivă sau vinde flori. **2.** Numele popular al lunii mai.

✵

FOCAL (*adj.*) – Privitor la focarul lentilelor sau al oglinzilor.

FOCAR (*s.n.*) – Punct în care se întâlnesc razele convergente reflectate sau refractate de o lentilă, oglindă etc.

✵

FOEHN (*s.n*) – **1.** Vânt cald care bate primăvara dinspre crestele alpine ale munților din Elveția și Austria spre văi, grăbind topirea zăpezii. **2.** Aparat electric folosit pentru uscarea părului.

FON (*s.m.*) – (FIZ.) Unitate de măsură pentru măsurarea nivelului de intensitate al unui sunet.

✵

FOLIANT (*s.n.*) – Carte de dimensiuni mari, cu paginația in folio.

FOLIAT (*adj.*) – Care are frunze.

✵

FOLIE (*s.f.*) – (FAM.) Foaie subțire din material plastic, din care se confecționează umbrele, pelerine.

FOLIO (*s.n.*) – Format de hârtie sau de carte, obținut prin îndoirea colii o singură dată.

✸

FORMAL (*adj.*) – **1.** Privitor la formă. **2.** Formulat precis, categoric. **3.** Făcut de formă.

FORMAR (s.) – Lucrător calificat care confecționează forme de turnătorie.

✸

FORMALIZA (*vb.*) – **1.** A realiza o formalizare. **2.** A se simți jignit de nerespectarea unor reguli neînsemnate de politețe.

FORMOLIZA (*vb.*) – **1.** A dezinfecta cu formol. **2.** A fixa țesuturile animale/umane cu formol.

✸

FOT (*s.m.*) – Unitate de măsură a iluminării.

FOTĂ (*s.f.*) – Parte componentă a costumului popular românesc, purtată de femei.

✸

FRACTURĂ (*s.f.*) – **1.** (MED.) Ruptură a unui os sau a unui cartilaj. **2.** (TEHN.) Suprafață neregulată rezultată la ruperea sau la spargerea unui obiect. **3.** (GEOL.) Falie.

FACTURĂ (*s.f.*) – **1.** Act justificativ privind vânzările și cumpărările de mărfuri, lucrările executate și serviciile prestate, precum și mărfurile lăsate în păstrare; formular tipărit pe care se întocmește un astfel de act. **2.** Structură, constituție (intelectuală, psihică, morală etc.). **3.** Caracter, aspect exterior, specific al unei opere de artă plastică. **4.** Ansamblul mijloacelor de expresie care determină specificul unei opere literare sau musicale.

✸

FRACȚIUNE (*s.f.*) – **1.** Parte distinctă dintr-un întreg; fragment. **2.** Grupare de membri în cadrul unui partid politic, care luptă împotriva liniei politice a majorității membrilor acelui partid. **3.** Porțiune din lichidul obținut prin distilarea unui amestec de lichide ridicat la o anumită temperatură sau porțiune solidă obținută prin cristalizare fracționată dintr-o soluție.

FRICȚIUNE (*s.f.*) – **1.** (FIZ.) Frecare. **2.** (*fig.*) Neînțelegere, ceartă.

✳

FRĂȚIE (*s.f.*) – **1.** Legătură de rudenie între frați. **2.** Prietenie strânsă; fraternitate.

FRATRIE (*s.f.*) – **1.** Subdiviziune a triburilor grecești. **2.** Grupare de plante înrudite genetic.

✳

FRECVENT (*adj.*) – Care se întâmplă des.

FERVENT (*adj.*) – **1.** (făcând referire la oameni) Care pune pasiune în ceea ce face, care lucrează cu ardoare; înfocat, înflăcărat, pasionat, zelos. **2.** Care exprimă, trădează înfocare, pasiune, zel.

✳

FRENGHIE (*s.f.*) – (ÎNV.) **1.** Țesătură de mătase de calitate superioară, înflorată sau ornamentată cu fire de aur sau de argint; brocart purpuriu. **2.** Brâu îngust și lung.

FRÂNGHIE (*s.f.*) – Fir lung și gros făcut din mai multe fibre vegetale sau din fire animale, precum și din fibre sintetice, răsucite una în jurul alteia; funie.

✳

FRESCĂ (*s.f.*) – **1.** Tehnică de a picta cu culori dizolvate în apă de var pe un zid cu tencuiala încă udă. **2.**

(*fig.*) Compoziție literară, de mari dimensiuni, care înfățișează tabloul de ansamblu al unei epoci.

FRESCO (*s.f.*) – Țesătură din fire subțiri de lână, folosită la confecționarea îmbrăcămintei de vară.

❋

FRIGID (*adj.*) – Care suferă de frigiditate.

RIGID (*adj.*) – Care nu se deformează sub acțiunea forțelor exterioare; țeapăn, inflexibil.

❋

FRISON (*s.n.*) – Succesiune de tremurături convulsive, însoțite de o puternică senzație de irig, care se manifestă înaintea unei crize febrile sau în timpul unei boli febrile.

FRIZON (*s.n.*) – Fibră textilă provenită din straturile exterioare ale gogoșilor de mătase.

❋

FRIȘCĂ (*s.f.*) – **1.** Strat de smântână proaspătă, care se ridică la suprafața laptelui nefiert. **2.** Smântână bătută cu zahăr.

FIȘCĂ (*s.f.*) – (REG.) Biciușcă.

❋

FREZĂ (*s.f.*) – **1.** Unealtă așchietoare folosită la prelucrarea metalelor, a lemnului etc. **2.** Pieptănătură.

FRIZĂ (*s.f.*) – **1.** (în arhitectura clasică) Parte componentă a antablamen- tului, împodobită cu picturi, basoreliefuri etc. **2.** Rasă de oi, crescută pentru producția de lapte.

❋

FREZA (*vb.*) – A prelucra prin așchiere un material cu freza.

FRIZA (*vb.*) – **1.** A(-și) ondula, a(-și) încreți părul cu fierul sau prin alte mijloace. **2.** A fi pe punctul de a atinge ridicolul, nebunia.

❋

FRIABIL (*adj.*) – (făcând referire la materiale) Care se fărâmițează, se sparge ușor.
FIABIL (*adj.*) – (făcând referire la aparate, instalații etc.) Care prezintă siguranță în funcționare.

❈

FRUCT (*s.n.*) – **1.** Produs care apare și se dezvoltă din pistilul unei flori fecundate și care conține semințe. **2.** Produse vegetale care servesc ca hrană.
FRUPT (*s.n.*) – Produsul în lapte al animalelor mulgătoare.

❈

FRUGIFER (*adj.*) – Care dă roade.
FRUGIVOR (*adj.*/s.) – (Animal) care se hrănește în special cu fructe.

❈

FRUNTAR (*s.n.*) – Grindă principală care mărginește prispa în partea de sus și pe care se sprijină grinzile secundare ale casei.
FRUNTAȘ (*adj.*/s.) – **1.** (*adj.*) (făcând referire la persoane) Care este în frunte într-un domeniu de activitate și care poate servi drept exemplu. **2.** (*s.m.*) Grad militar.

❈

FUNIE (*s.f.*) – Frânghie.
FULIE (*s.f.*) – **1.** (BOT.) Narcisă. **2.** Podoabă de pietre prețioase în forma acestei flori.

❈

FUX (*s.n.*) – Aducere pe linia de plutire a buștenilor înțepeniți, prin împingerea și răsucirea lor cu ajutorul țapinei.
FLUX (*s.n.*) – Fază de ridicare periodică a nivelului apelor oceanelor sau ale mărilor deschise, în cadrul fenomenului de maree, sub influența mișcării de rotație a

Pământului și a atracției Lunii și a Soarelui.

※

FULMINANT (*adj.*) – Care produce explozie; exploziv.
CULMINANT (*adj.*) – Care culminează.

※

FUNCȚIONAL (*adj.*) – **1.** Care ține de o funcție. **2.** Util, practic.

FUNCȚIONAR (*s.*) – Persoană care îndeplinește o muncă cu caracter administrativ.

※

FUZETĂ (*s.f.*) – Fiecare dintre cele două dispozitive care fac legătura între roțile directoare și osia din față ale unui autovehicul și care permit orientarea roților în direcția dorită.
SUSETĂ (*s.f.*) – Tetină de cauciuc dată copiilor s-o sugă.

GAG (*s.n.*) – Efect comic într-un film sau într-o piesă de teatru, care rezultă dintr-o asociere surprinzătoare de situații contrastante.

GOG (*s.m.*) – (REG.) Băiat sau tânăr prost, tont.

❋

GALANT (*adj.*) – (făcând referire la bărbați și manifestările lor) Curtenitor față de femei; politicos, atent.

GARANT (*s.m.*) – Persoană sau instituție care garantează cu averea pentru cineva sau ceva.

❋

GALENĂ (*s.f.*) – Mineral cristalizat, cu luciu metalic, având diferite întrebuințări (în radiologie, la prepararea unor vopsele). **2.** Sulfură naturală de plumb, folosită ca redresor la aparatele de radio fără lămpi, la prepararea unor vopsele. **3.** Aparat de radio folosind ca detector un astfel de mineral.

GALERĂ (*s.f.*) – Veche navă comercială sau militară, prevăzută cu vâsle și pânze.

❋

GALIC (*adj.*) – **1.** În sintagma „Acid galic" = Acid organic aromatic, folosit la fabricarea cernelii negre, a coloranților și a unor medicamente. **2.** Care aparține galilor, privitor la gali.

GALIU (*s.n.*) – Element chimic folosit la fabricarea unor termometre care măsoară temperaturi înalte, la fabricarea tranzistoarelor etc.

❋

GAMA (*s.m.* INVAR.) – **1.** A treia literă a alfabetului grecesc (folosită deseori și ca simbol în matematică, fizică etc. **2.** (fiz.) În sintagma „Raze (radiații) gama" = Radiații emise de corpurile radioactive, având o putere de pătrundere foarte mare.

GAMĂ (*s.f.*) – Succesiune de sunete și note, care cuprinde toate sunetele unei scări muzicale, dispuse în ordinea ascendentă sau descendentă a sunetelor și luând tonul și numele notei cu care începe.

❋

GAMBET (*s.n.*) – Piesă metalică folosită în exploatările petroliere.

GAMBETĂ (*s.f.*) – Pălărie bărbătească din fetru tare, cu o calotă ovală și borurile ușor răsfrânte; melon.

❋

GANG (*s.n.*) – Loc de trecere aflat sub o construcție, sub boltitura unei case.

GANGĂ (*s.f.*) – Partea care se îndepărtează dintr-un zăcământ metalifer.

❋

GARA (*vb.*) – **1.** A pune la adăpost într-un garaj, într-un depou etc. un autovehicul, un tramvai etc. **2.** A manevra un tren, o locomotivă etc. pe o linie de garaj.

GIRA (*vb.*) – A garanta printr-un gir.

❋

GARANȚA (*s.f.*) – (BOT; RAR) Roibă.

GARANȚIE (*s.f.*) – Obligație în virtutea căreia o persoană sau o instituție răspunde de ceva.

❋

GARF (*s.n.*) – Bucată de carne de porc din zona primelor vertebre.

GRAF (*s.m.*) – **1.** (rar) Conte german. **2.** (MAT.) Ansamblu de două mulțimi disjuncte, între care s-a stabilit o corespondență.

❋

GAROU (*s.n.*) – Bandă sau tub, de obicei din cauciuc, folosit pentru a întrerupe temporar circulația sângelui într-o regiune a corpului, pentru a preveni sau înlătura o hemoragie.
BAROU (*s.n.*) – Corp al avocaților, organizat pe lângă tribunal, curte de apel etc.

❋

GASTROTOMIE (*s.f.*) – Operație chirurgicală care constă în deschiderea stomacului.
GASTRONOMIE (*s.f.*) – Arta de a prepara mâncăruri alese sau capacitatea de a le aprecia calitatea.

❋

GAZEL (*s.n.*) – Poezie orientală cu formă fixă, alcătuită din distihuri și care, de regulă, cântă dragostea și vinul.
GAZELĂ (*s.f.*) – Nume dat mai multor mamifere rumegătoare din familia antilopei, cu corpul suplu și cu picioarele lungi, care trăiesc în Africa și în Asia.

❋

GĂRDINAR (*s.m.*) – Unealtă de dogărie cu care se execută manual gardinile.
GRĂDINAR (*s.m.*) – Persoană care se ocupă de cultivarea unei grădini.

❋

GÂLMĂ (*s.f.*) – Umflătură.
DÂLMĂ (*s.f.*) – (REG.) Formă de relief cu aspect de deal scund, izolat și cu vârful rotunjit.

❋

GEANĂ (*s.f.*) – **1.** Fiecare dintre firișoarele de păr de pe marginea unei pleoape. În expresiile: „A(-i) da (cuiva) ochii (sau pleoapele) în gene (sau geană-n geană)", se spune despre o persoană care este gata să ațipească, să adoarmă. „A privi printre gene" = a privi cu ochii întredeschiși. **2.** (ÎNV.) Pleoapă (a ochiu-

lui). **3.** (*fig.*) Dungă, fâșie îngustă de lumină; fâșie de deal, de nor etc. luminată.
GENĂ (*s.f.*) – (BIOL.) Element al cromozomilor care determină transmiterea și manifestarea unor caractere ereditare.

※

GEANTĂ (*s.f.*) – Obiect din piele sau din diverse materiale, de formă dreptunghiulară, care servește la transportarea cu mâna a unor acte, cărți etc; poșetă.
JANTĂ (*s.f.*) – **1.** Partea exterioară periferică a unei roți de autovehicul, de bicicletă etc., construită astfel încât să permită montarea pe roată a unui pneu. **2.** În sintagma „A rămâne (sau a fi) pe jantă" = a avea cauciucul dezumflat; (FAM.) a rămâne fără bani, a fi lefter.

※

GEL (*s.n.*) – (CHIM.) Substanță coloidală cu consistență vâscoasă și însușiri specifice deopotrivă lichidelor și solidelor.
GEN (*s.n.*) – Fel, soi, tip (pe care le reprezintă un obiect, o ființă etc).

※

GENĂ (*s.f.*) – (BIOL.) Element al cromozomilor care determină transmiterea și manifestarea unor caractere ereditare.
GEMĂ (*s.f.*) – **1.** Nume generic pentru orice piatră prețioasă translucidă. **2.** Bijuterie sau obiect de artă făcut dintr-o piatră prețioasă sau semiprețioasă pe care sunt gravate figuri ori motive decorative. **3.** (ADJECTIVAL) În sintagma „Sare gemă" = sare de bucătărie cristalizată, extrasă ca atare dintr-o salină.

※

GENOL (*s.n.*) – Substanță chimică organică, folosită ca developator fotografic.
GENOM (*s.m.*) – (BIOL) Grup de cromozomi diferiți ge-

netic, care formează o unitate.

GENOTIP (*s.n.*) – Ansamblul proprietăților ereditare ale unui organism.

CENOTIP (*s.n.*) – (BIOL.) Tip primitiv din care au derivat alte tipuri.

❋

GER (*s.n.*) – Temperatură atmosferică foarte scăzută; frig foarte mare.

GERA (*vb.*) – (rar) A administra pe socoteala și în locul cuiva.

❋

GHEAȚĂ (*s.f.*) – Apă aflată în stare solidă, ca urmare a înghețării.

GHEATĂ (*s.f.*) – Încălțăminte din piele sau din materiale sintetice care imită pielea, care acoperă piciorul până deasupra gleznei.

❋

GHERILĂ (*s.f.*) – Denumire dată războiului de partizani în Spania și în America Latină.

GHERLĂ (*s.f.*) – (POP. și FAM.) Închisoare.

❋

GHIDRAN (*s.n.*) – Varietate de cai, de talie mijlocie, folosită la tracțiune și călărie.

GHIDRIN (*s.m.*) – Pește mic care trăiește în apele dulci și sărate.

❋

GHINT (*s.n.*) – Șanț făcut pe suprafața interioară a unor arme de foc, pentru a asigura proiectilului o mișcare de rotație necesară menținerii stabilității sale pe o traiectorie dată.

GHINȚ (*s.n.*) – Unealtă de cizmărie folosită la lărgirea încălțămintei.

❋

GIRUETĂ (*s.f.*) – Instrument meteorologic cu care se determină direcția și intensitatea vântului.

PIRUETĂ (*s.f.*) – Figură de dans constând din învârtirea completă a unui dansator, executată pe un singur picior, prin rotire rapidă pe vârful picioarelor, pe călcâie etc.

❊

GLACIAL (*adj.*) – (LIVR.) **1.** De gheață, rece ca gheața. **2.** (*fig.*) (făcând referire la acțiunile oamenilor) Lipsit de orice căldură; distant.

GLACIAR (*adj.*) – În sintagma „Perioadă (eră) glaciară" = Perioadă din era cuaternară în care ghețarii ocupau regiuni foarte întinse pe Pământ și în care alternau intervalele reci cu cele calde.

❊

GLASA (*vb.*) – A acoperi cu glazură o prăjitură, o bomboană etc.

GLISA (*vb.*) – (mai ales făcând referire la piese tehnice) A aluneca, a se deplasa de-a lungul altei piese.

❊

GLEI (*s.n.*) – (GEOL.) Strat de nămol de culoare cenușie sau vânătă-verzuie, format sub unele soluri mlăștinoase.

CLEI (*s.n.*) – **1.** Substanță vâscoasă asemănătoare cu gelatina, extrasă din oase, din pește, din unele plante sau obținută pe cale sintetică, folosită pentru lipirea unor obiecte sau părți de obiecte. **2.** Suc gros care se scurge din scoarța unor arbori și care are proprietatea de a se solidifica în contact cu aerul.

❊

GLODAȘ (*s.m.*) – Lucrător care execută transportul și depozitarea sării din salină la suprafață.

GLOTAȘ (*s.m.*) – Soldat pedestraș care făcea parte dintr-o gloată.

GLOTĂ (*s.f.*) – Porțiunea cea mai îngustă a laringelui,

cuprinsă între cele două coarde vocale.
GROTĂ (*s.f.*) – (LIVR.) Peșteră.

※

GLUMEȚ (*adj.*) – **1.** (făcând referire la oameni) Care face multe glume, căruia îi place să facă glume; vesel, poznaș, hâtru. **2.** (făcând referire la manifestări ale oamenilor, întâmplări, glume etc.) Care provoacă râsul; hazliu.
LUMEȚ (*adj.*) – (POP.) Căruia îi place viața, societatea; iubitor de lume, de petreceri; vesel.

※

GLUTEN (*s.n.*) – Substanță proteică prezentă în boabele și făina cerealelor.
GLUTON (*s.m.*) – Animal mamifer carnivor, cu blana de culoare brun-deschis, răspândit dincolo de cercul polar nordic.

※

GNOM (*s.m.*) – Fiecare dintre spiritele despre care se credea că trăiesc în interiorul pământului, păzindu-i bogățiile.
GNOMON (*s.n.*) – Instrument folosit în antichitate pentru a determina meridianul locului, reprezentând cel mai vechi tip de cadran solar.

※

GODRON (*s.n.*) – Ornament în relief format din proeminențe ovale alungite, dispuse pe un element de arhitectură, pe un vas etc.
GUDRON (*s.n.*) – Lichid vâscos, de culoare închisă, obținut prin distilarea uscată a unor materii organice.

※

GOFRAJ (*s.n.*) – Cute paralele și ondulate aplicate pe o țesătură, pe o tablă etc.
COFRAJ (*s.n.*) – Tipar din lemn sau din metal în care se toarnă un material de

GOMAJ (*s.n.*) – (TEHN.) Blocare a segmenților în canalele din piston, ca urmare a depunerii reziduurilor de ardere.

GUMAJ (*s.n.*) – Operație de acoperire a unor obiecte cu un strat subțire de gumă.

✲

GORDIAN (*adj.*) – În sintagma „Nod gordian" = Dificultate foarte mare, greu sau imposibil de rezolvat.

GORDIN (*s.m.*) – Soi autohton de viță-de-vie folosit mai ales la producerea vinului.

✲

GRADEL (*s.n.*) – Pânză albă de bumbac cu dungi longitudinale, întrebuințată pentru lenjerie.

GRADEN (*s.n.*) – **1.** Treaptă înaltă, așezată la baza unui edificiu. **2.** Fiecare dintre treptele unui amfiteatru, stadion etc, pe care sunt așezate băncile sau scaunele.

✲

GRAFOMAN (*s.m.*) – Maniac al scrisului.

GRAMOFON (*s.n.*) – Aparat pentru reproducerea sunetelor înregistrate pe o placă, prevăzut cu o doză de redare cu ac și cu o pâlnie de rezonanță.

✲

GRANAT (*s.n.*) – **1.** Plantă erbacee cu flori albe sau galbene. **2.** Silicat natural de calciu, magneziu etc, folosit ca piatră de șlefuire sau ca piatră prețioasă (când e în stare pură).

GRANIT (*s.n.*) – Rocă eruptivă foarte dură, folosită în construcții.

✲

GRAVA (*vb.*) – A săpa o imagine, litere etc. într-un material, cu ajutorul unor instrumente sau mijloace tehnice speciale, pentru a obține un clișeu de imprimare sau în scop decorativ.

GREVA (*vb.*) – A împovăra o proprietate cu ipoteci; a supune ceva unor condiții grele.

※

GREFĂ (*s.f.*) – **1.** Serviciu din cadrul unei instanțe judecătorești, care se ocupă cu întocmirea, păstrarea, comunicarea de documente. **2.** Fragment de țesut sau de organ transplantat în cadrul unei operații medicale.

GRIFĂ (*s.f.*) – Instrument cu ajutorul căruia se marchează scoarța copacilor din pădure, pentru diferite lucrări silvice.

※

GREFON (*s.n.*) – (MED.) Grefă.

GRIFON (*s.m.*) – Monstru mitologic cu corp de leu, cu aripi, cap și gheare de vultur și cu urechile de cal.

※

GRIMĂ (*s.f.*) – Totalitatea mijloacelor cosmetice folosite de actori pentru a se machia; machiaj.

GRINDĂ (*s.f.*) – Element de construcție din lemn, oțel, beton armat etc., cu lungimea mare în raport cu celelalte dimensiuni, folosit de obicei la asigurarea rezistenței unei construcții.

※

GRIND (*s.m.*) – Mică ridicătură de teren de formă alungită, care rezultă din depunerile aluvionare ale unei ape curgătoare sau ale mării.

GRINDĂ (*s.f.*) – Element de construcție din lemn, oțel, beton armat etc., cu lungimea mare în raport cu celelalte dimensiuni, folosit de obicei la asigurarea rezistenței unei construcții.

※

GRINDEI (*s.n.*) – Parte componentă a plugului cu

tracțiune animală, care leagă între ele toate celelalte elemente.

GRINDEL (*s.m.*) – Pește mic, asemănător cu țiparul.

❋

GROF (*s.m.*) – Mare latifundiar maghiar, având titlul de conte.

GROG (*s.m.*) – Băutură preparată din rom, coniac sau rachiu amestecat cu apă fierbinte îndulcită și cu lămâie.

❋

GROPAN (*s.m.*) – (REG.) Groapă cu apă (de udat zarzavaturile și legumele) făcută în grădini cu terenuri joase.

GROPAR (*s.m.*) – **1.** Persoană care se ocupă cu săparea de gropi pentru morminte. **2.** (ENTOM.) Necrofor.

❋

GROS (*adj.*) – Care are un volum mare; voluminos.

GROȘ (*s.m.*) – Monedă străină de argint, care a circulat odinioară și în Moldova.

❋

GROTĂ (*s.f.*) – (LIVR.) Peșteră.

GLOTĂ (*s.f.*) – Porțiunea cea mai îngustă a laringelui, cuprinsă între cele două coarde vocale.

❋

GRUI (*s.m.*) – (REG.) Pisc sau coastă de deal.

GRUIE (*s.f.*) – Macara folosită la bordul navelor, pentru ridicarea unor elemente ale navei.

❋

GRUND (*s.n.*) – Primul strat de material special (vopsea) aplicat pe suprafața unei piese, a unui element de construcție etc, și care urmează a fi finisat.

GRUNZ (*s.m.*) – Bucată dintr-o materie tare și sfărâmicioasă.

❋

GUMĂ (*s.f.*) – **1.** Substanță vâscoasă secretată de unele plante sau obținută pe cale sintetică, având proprietatea de a se întări în contact cu aerul. **2.** (POP.) Elastic. **3.** Mic obiect din cauciuc folosit la ștergerea urmelor de creion sau de cerneală de pe hârtie.
GUMAJ (*s.n.*) – Gumare.

✳

GURMĂ (*s.f.*) – Boală infecțioasă a mânjilor și cailor tineri.
GURNĂ (*s.f.*) – (MAR.) Parte curbă a carenei care leagă fundul cu pereții verticali ai navei.

✳

GUSEU (*s.m.*) – (CONSTR.) Placă de oțel care servește la prinderea barelor ce se unesc într-un nod al unei grinzi.
BUȘEU (*s.m.*) – Prăjitură cu nuci, cremă, frișcă sau ciocolată.

✳

GUSTOS (*adj.*) – (făcând referire la mâncăruri și băuturi) Care are gust bun.
GUTOS (*adj.*/*s.*) – Persoană care suferă de gută.

HABANĂ (*adj.*) – În sintagma „Ceramică habană" = Tip de ceramică fină, smălțuită, cu fond alb, ornamentată cu motive cinegetice, realizată de olarii din Transilvania în secolul al XVII-lea.

HAVANĂ (*s.f.*) – Țigară de foi fabricată din tutun de calitate superioară, provenit din Cuba.

❋

HAIT (INTERJ.) – Exclamație care exprimă o surpriză neplăcută, un sentiment de teamă, o poruncă, ideea unei mișcări repezi sau neașteptate etc.

HAITĂ (*s.f.*) – **1.** Grup de câini, de lupi etc. care umblă împreună după pradă. **2.** (*fig.*) Bandă (de răufăcători). **3.** (ÎNV.) Vânătoare (cu gonaci și câini); goană. **4.** (REG.) Cățea rea. **5.** Epitet atribuit unei femei rele sau desfrânate.

❋

HALĂ (*s.f.*) – **1.** Clădire amenajată, cu instalațiile necesare, unde se vând alimente (îndeosebi carne); piață acoperită. **2.** Sală de dimensiuni foarte mari, amenajată ca atelier în fabrici, ca sală pentru manifestații sportive, culturale, pentru expoziții etc.

ALĂ (*s.f.*) – Unitate romană de cavalerie (formată din trupe auxiliare).

❋

HALBĂ (*s.f.*) – Pahar special pentru bere, având capacitatea de jumătate de litru.

HALDĂ (*s.f.*) – Loc în care se depozitează sterilul și deșeurile inutilizabile rezultate din lucrările miniere sau din uzinele metalurgice.

❋

HALON (*s.m.*) – Gaz incolor, inodor și rău conducător de electricitate, folosit în extinctoare.

HALOR (*s.m.*) – (MAR.) Muncitor care lucrează la halajul navelor.

※

HALTĂ (*s.f.*) – **1.** Punct de oprire regulamentară, de scurtă durată, a trenurilor; gară mică. **2.** Oprire, popas.

HALCĂ (*s.f.*) – Bucată mare de carne sau, mai rar, din alt aliment; hartan.

※

HAN (*s.m.*) – **1.** Titlu purtat, în Evul Mediu, de conducătorii mongoli și preluat de suveranii multor țări din Orient. **2.** Persoană care avea acest titlu; han-tătar.

HUN (*s.m.*) – Persoană dintr-un neam mongolic care, în secolele IV-V, a pătruns până în apusul Europei, trecând și prin țara noastră.

※

HANAP (*s.n.*) – Cupă din diverse materiale, bogat ornamentată, folosită în Evul Mediu pentru băut.

HANAT (*s.n.*) – Stat sau teritoriu condus de un han.

※

HANGAN (*s.m.*) – Soi de porumb de munte, cu știuletele mare și cu bobul galben-roșcat.

HANGAR (*s.n.*) – Construcție amplasată în apropierea pistei de aterizare și decolare, care servește la adăpostirea, revizia, repararea avioanelor.

※

HANSĂ (*s.f.*) – Asociație, companie comercială occidentală în Evul Mediu.

ANSĂ (*s.f.*) – **1.** Toartă curbată în formă de arc la un vas, la un coș etc. **2.** Formație anatomică în formă de toartă sau de laț. **3.** Fir de platină terminat cu un laț, care servește la însămânțări de germeni în diferite medii de cultură.

※

HAREM (*s.m.*) – **1.** Totalitatea cadânelor unui mahomedan poligam. **2.** Parte a casei rezervată cadânelor.
BAREM (*s.m.*) – **1.** Tabel care dă rezultatele unor calcule curente în funcție de elementele luate în considerație. **2.** Minimum de rezultate care trebuie obținute spre a putea trece dintr-o etapă de concurs (SPORTIV) la etapa imediat următoare.

※

HARPĂ (*s.f.*) – Instrument muzical format dintr-o ramă triunghiulară, pe care sunt fixate coarde diferite din punctul de vedere al lungimii și al acordajului și care sunt puse în vibrație prin ciupirea strunelor.
HARPIE (*s.f.*) – (în mitologia greacă) Monstru fabulos, reprezentat sub forma unei femei înaripate, cu trup și cu gheare de vultur, personificând furtunile și moartea.

※

HARȚĂ (*s.f.*) – **1.** Încăierare; ceartă. **2.** (ÎNV.) Ciocnire între avangărzi sau între mici grupuri militare potrivnice.
HARȚI (*s.m.* PL.) – În religia ortodoxă, săptămâna în care e permis să se mănânce de frupt miercurea și vinerea.

※

HĂT (*adv.*) – (REG.; însoțește adjective și locuțiuni adverbiale cu sens local sau temporal, dându-le valoare de superlativ) De tot, mult, tare, foarte.
HĂȚ (*s.n.*) – Parte a hamului alcătuită din curele lungi, cu ajutorul cărora se conduc caii înhămați.

※

HEMATOM (*s.n.*) – Tumoare care conține o aglomerare de sânge închistat, provocată de ruperea vaselor sangvine.

HEPATOM (*s.n.*) – (MED.) Tumoare hepatică (malignă).

❋

HERUVIC (*s.n.*) – Numele unui imn bisericesc ortodox.

HERUVIM (*s.m.*) – Înger care urmează ierarhic după arhangheli.

❋

HEXODĂ (*s.f.*) – Tub electronic cu vid, care are șase electrozi.

HEXOZĂ (*s.f.*) – Nume generic dat monozaharidelor cu șase atomi de carbon în moleculă.

❋

HIACINT (*s.m.*) – Piatră semiprețioasă de culoare roșie sau portocalie, varietate nobilă de zirconiu.

IACINT (*s.m.*) – Plantă ierbacee bulboasă, cu flori colorate în alb, galben, roz sau albastru, plăcut parfumate; zambilă (*Hyacinthus orientalis*).

❋

HIDRANT (*s.m.*) – Dispozitiv așezat la conductele de distribuție a apei sub presiune, care permite închiderea și deschiderea unuia sau a mai multor furtunuri în același timp.

HIDRAT (*s.m.*) – Compus chimic anorganic solid, cristalizat cu una sau mai multe molecule de apă de cristalizare.

❋

HIDROFON (*s.n.*) – Aparat folosit pentru semnalizarea sub apă, cu ajutorul sunetelor.

HIDROFOR (*s.n.*) – Instalație care asigură presiunea necesară în rețeaua de distribuție a apei într-o locuință, într-un cartier etc.

❋

HIDROGEL (*s.n.*) – (CHIM.) Gel în care mediul de dispersie este apa.

HIDROGEN (*s.n.*) – Element chimic gazos, incolor, inodor, insipid și inflamabil, care, combinat cu oxigenul în anumite proporții, formează o moleculă de apă.

❈

HIDROLIZĂ (*s.f.*) – Reacție chimică între ionii unei sări și ionii apei, care formează un acid slab sau o bază slabă.

HIDROLOZĂ (*s.f.*) – Enzimă care catalizează reacțiile de hidroliză.

❈

HIDROLOGIE (*s.f.*) – Știință care studiază proprietățile generale ale apelor de la suprafața scoarței terestre, legile care guvernează procesele din hidrosferă etc.

HIGROLOGIE (*s.f.*) – Disciplină care se ocupă cu studiul umidității aerului.

❈

HIDROMETRIE (*s.f.*) – Ramură a hidrologiei care se ocupă cu determinarea cantitativă a debitului unui curs de apă și a altor parametri tehnici ai acestuia.

HIGROMETRIE (*s.f.*) – Ramură a meteorologiei care se ocupă cu descrierea metodelor și a aparatelor folosite în determinarea umidității aerului atmosferic.

❈

HIL (*s.n.*) – **1.** (ANAT.) Porțiune la suprafața unui organ pe unde pătrund vasele sangvine și nervii. **2.** (BOT.) Cicatrice aflată pe învelișul semniței, la locul unde aceasta s-a desprins de piciorușul ovulului.

VIL (*adj.*) – (FRANȚUZISM ÎNV.) De proastă calitate, demn de disprețuit, ordinar; josnic; abject.

❈

HILAR (*adj.*) – (ANAT.) Care se referă la hil.

ILAR (*adj.*) – Care stârnește râsul; hazliu.

※

HIPERTERMIE (*s.f.*) – Creștere anormală a temperaturii corpului.

HIPOTERMIE (*s.f.*) – (MED.) Scădere a temperaturii corpului sub nivelul normal.

※

HIPERTIMIE (*s.f.*) – (MED.) Creștere exagerată a bunei dispoziții, caracteristică stărilor maniacale.

HIPOTIMIE (*s.f.*) – (MED.) Diminuare a tonusului afectiv (în stările depresive).

※

HOMICID (*adj.*/s.) – **1.** (*s.m.*) Persoană care a omorât premeditat pe cineva; ucigaș, asasin. **2.** (*adj.*) Care provoacă (sau care poate provoca) moartea cuiva.

HOMINID (*s.m.*) – **1.** (la PL.) Familie de primate cuprinzând omul și precursorii săi fosili din perioada cuaternară (*Hominidae*). **2.** (la SG.) Reprezentant al acestei familii.

※

IACINT (*s.m.*) – Plantă ierbacee bulboasă, cu flori colorate în alb, galben, roz sau albastru, plăcut parfumate; zambilă (*Hyacinthus orientalis*).

HIACINT (*s.m.*) – Piatră semiprețioasă de culoare roșie sau portocalie, varietate nobilă de zirconiu.

❋

IDOL (*s.m.*) – **1.** Divinitate păgână; chip, figură, statuie reprezentând o asemenea divinitate. **2.** (*fig.*) Ființă sau lucru care reprezintă obiectul unui cult sau al unei mari iubiri.

INDOL (*s.m.*) – (CHIM.) Compus chimic obținut din indigo și gudroanele cărbunelui de pământ.

❋

ILAR (*adj.*) – Care stârnește râsul; hazliu.

HILAR (*adj.*) – (ANAT.) Care se referă la hil.

❋

ILEON (*s.m.*) – Porțiunea terminală a intestinului subțire.

ILION (*s.m.*) – Unul dintre oasele care formează osul iliac.

❋

ILUZIE (*s.f.*) – **1.** Percepție falsă a unui obiect prezent înaintea ochilor, determinată de legile de formare a percepțiilor sau de anumite stări psihice. **2.** Situație în care o aparență este considerată drept realitate; speranță neîntemeiată.

ALUZIE (*s.f.*) – Cuvânt, expresie, frază prin care se face referire la o persoană, la o situație, fără a o exprima direct.

❋

IMANENT (*adj.*) – Care este propriu naturii obiectului, care acționează din interiorul obiectului; intrinsec.

IMINENT (*adj.*) – Care este gata să se producă; inevitabil.

❋

IMERGENT (*adj.*) – (făcând referire la raze luminoase) Care străbate un mediu oarecare.

EMERGENT (*adj.*) – (făcând referire la un corp, o radiație etc.) Care iese dintr-un mediu după ce l-a traversat.

❋

IMPASIBIL (*adj.*) – (LIVR.) Nepăsător, indiferent.

IMPOSIBIL (*adj.*) – Care nu este posibil; irealizabil.

❋

IMPASIBILITATE (*s.f.*) – (LIVR.) Nepăsare, indiferență.

IMPOSIBILITATE (*s.f.*) – Caracterul sau situația a ceea ce este imposibil.

❋

IMPUNITATE (*s.f.*) – Scutire de pedeapsă a unui infractor din cauza unor împrejurări speciale, prevăzute de lege.

IMUNITATE (*s.f.*) – **1.** Rezistență a organismului față de acțiunea microbilor patogeni sau a produșilor toxici ai acestora. **2.** Ansamblu de drepturi sau de privilegii de care se bucură anumite persoane sau categorii de persoane.

❋

IMPUTA (*vb.*) – **1.** A (i se) reproșa, a (i se) atribui cuiva fapte, atitudini, gesturi nepotrivite, condamnabile. **2.** A face pe cineva răspunzător de o pagubă adusă unei instituții, întreprinderi (unde lucrează), obligându-l la despăgubiri.

AMPUTA (*vb.*) – **1.** A tăia pe cale chirurgicală (sau a pierde accidental) un membru al corpului sau un segment de membru. **2.** (*fig.*) A elimina o parte dintr-o operă, dintr-un discurs etc.

❋

IMPUTABIL (*adj.*) – Care poate fi imputat cuiva.
IMUTABIL (*adj.*) – (rar) Imuabil.

❋

IMUN (*adj.*) – Care prezintă imunitate; care nu poate contracta o anumită boală infecțioasă.
IMUND (*adj.*) – (LIVR.; adesea FIG.) Foarte murdar; cu o înfățișare dezgustătoare.

❋

INAPT (*adj.*) – Nepotrivit pentru o anumită slujbă, sarcină etc.
INEPT (*adj.*) – (rar) Prost, stupid.

❋

INARIȚĂ (*s.f.*) – Numele a două plante erbacee acvatice, asemănătoare cu inul.

INĂRIȚĂ (*s.f.*) – Pasăre mică înrudită cu sticletele, cu fruntea roșie și cu gușa neagră, care se hrănește în special cu semințe de in.

❋

INCASABIL (*adj.*) – Care nu se sparge ușor.
ÎNCASABIL (*adj.*) – Care poate fi încasat.

❋

INCULCA (*vb.*) – (LIVR.) A întipări în mintea cuiva, prin repetare, o idee, o concepție etc.
ÎNCURCA (*vb.*) – **1.** A (se) amesteca, a (se) încâlci, (REG.) a (se) bălmăji, (ÎNV.) a (se) zăminți. (Ițele s-au ~) **2.** A (se) zăpăci, (PRIN TRANSILV.) A (se) mitroși, (FAM.) A (se) bramburi. (A ~ ceva.) **3.** A (se) rătăci. **4.** A (se) confunda. **5.** A (se) dezorienta. **6.** A (se) complica. **7.** A (se) fâstâci. **8.** A (se) deranja.

❋

INCULPA (*vb.*) – A acuza, a învinui.

INSCULPA (*vb.*) – A marca obiectele din metal prețios cu poansonul.

❋

INDAN (*s.n.*) – (CHIM.) Hidrocarbură obținută din gudroane, insolubilă în apă.

INDIAN (*s.m.*) – **1.** Țesătură din bumbac, subțire și fină, din care se confecționează obiecte de lenjerie. **2.** Persoană care face parte din populația de bază a Indiei.

❋

INERT (*adj.*) – **1.** Nemișcat, fără viată, neînsuflețit; inactiv din fire, lipsit de vigoare, de vioiciune, moale, molâu. **2.** (FIZ.) (făcând referire la corpuri) Care are inerție; **3.** (făcând referire la masa corpurilor) Care se referă la inerție. **4.** (CHIM.) (făcând referire la elemente sau substanțe) Lipsit de reactivitate față de alte elemente sau alte substanțe.

INSERT (*s.m.*) – (CINEM.) Cadru fix sau scurtă scenă animată inclusă în desfășurarea acțiunii cinematografice.

❋

INDEMN (*adj.*) – (JUR.) Care nu a suferit pagube.

ÎNDEMN (*s.n.*) – Faptul de a îndemna; imbold, impuls.

❋

INDICE (*s.m.*) – Număr, literă sau simbol literal așezat la dreapta sau la stânga față de un număr sau de o literă, cărora le precizează valoarea sau înțelesul.

INDICIU (*s.n.*) – Semn după care se deduce existența unui lucru, a unui fenomen etc.

❋

INDIGESTIE (*s.f.*) – Tulburare a digestiei provocată de unele excese alimentare, de frig etc. și manifestată prin indispoziție, grețuri, vărsături etc.

INGESTIE (*s.f.*) – Înghițire, introducere pe cale bucală a alimentelor sau a altor substanțe în stomac.

✵

INDIVID (*s.m.*) – **1.** Persoană privită ca unitate distinctă față de alte persoane. **2.** Ființă de origine animală sau vegetală privită ca unitate distinctă a speciei din care face parte.

INDIVIZ (*adj.*) – (JUR.) **1.** (făcând referire la bunuri) Care se găsește în stare de indiviziune. **2.** (făcând referire la oameni) Care posedă o proprietate în stare de indiviziune.

✵

INDURA (*vb.*) – (MED.) (făcând referire la țesuturi) A se întări.

ÎNDURA (*vb.*) – A suporta cu răbdare un necaz, o durere etc.

✵

INERENȚĂ (*s.f.*) – (rar) Calitatea a ceea ce este inerent.

INFERENȚĂ (*s.f.*) – Operație logică de trecere de la un enunț la altul și în care ultimul enunț este dedus din primul.

✵

INEXORABIL (*adj.*) – Care nu poate fi înduplecat.

INEXPLORABIL (*adj.*) – (adesea FIG.) Care nu poate fi explorat, cercetat.

✵

INERVA (*vb.*) – (făcând referire la nervi) A produce o stare de excitare a unui organ sau țesut.

ENERVA (*vb.*) – A face să-și piardă sau a-și pierde calmul; a (se) înfuria.

✵

INFAMA (*vb.*) – (LIVR.) A acuza pe nedrept; a defăima.

INFLAMA (*vb.*) – (MED.) A suferi o inflamație; a se umfla.

✵

INFECTA (*vb.*) – A contracta o infecție.

INFESTA (*vb.*) – A bântui, a pustii, a nimici.

※

INFIM (*adj.*) – Extrem de mic; minuscul.

INFIRM (*adj.*/s.) – Persoană care are o infirmitate.

※

INSERA (*vb.*) – A introduce, a adăuga, a include un adaos într-un text, într-un tabel etc.

ÎNSERA (*vb.*) – A se face seară.

※

INSIDIOS (*adj.*) – Care caută să înșele; viclean, șiret.

INVIDIOS (*adj.*) – Care simte invidie; pizmaș.

※

INSTRUCȚIE (*s.f.*) – Ansamblu de cunoștințe, deprinderi etc. predate cuiva sau căpătate de cineva, prin care se urmărește dobândirea unei culturi generale și a unei specializări profesionale.

INSTRUCȚIUNE (*s.f.*) – Indicație dată cuiva cu privire la îndeplinirea unei sarcini.

※

INSTRUMENTAL (*adj.*) – Executat cu ajutorul instrumentelor.

INSTRUMENTAR (*s.n.*) – Totalitatea instrumentelor folosite într-o anumită activitate.

※

INTERPELA (*vb.*) – **1.** A cere cuiva să dea un răspuns, să dea socoteală asupra unui fapt. **2.** A cere explicații (în parlament) unui membru al guvernului asupra modului de rezolvare a unor probleme, a unor acte etc.

INTERPOLA (*vb.*) – **1.** A introduce, a intercala într-un text cuvinte sau fraze care nu aparțin originalului, pentru a-l explica, a-l completa etc. **2.** (MAT.) A intercala într-un șir de valori cunoscute una sau mai multe mărimi determinate sau estimate.

❋

INTERPELARE (*s.f.*) – Faptul de a cere cuiva să dea un răspuns, să dea socoteală asupra unui fapt.

INTERPOLARE (*s.f.*) – Acțiunea de a introduce într-un text cuvinte sau fraze care nu aparțin originalului, pentru a-l explica, pentru a-l completa etc.

❋

INVENTIV (*adj.*) – Care poate inventa; ingenios, ager.

INVECTIV (*s.n.*) – Expresie violentă, jignitoare, ofensatoare, vorbă de ocară la adresa cuiva; injurie.

❋

INVERTI (*vb.*) – A face o inversiune (simetrică); a schimba, a transforma.

ÎNVÂRTI (*vb.*) – A (se) mișca în cerc, a (se) întoarce de jur împrejur.

❋

INVESTI (*vb.*) – A aloca bani, capital etc. într-o afacere; a face o investiție.

ÎNVESTI (*vb.*) – A acorda cuiva în mod oficial o autoritate, o demnitate, o atribuție.

❋

INVETERAT (*adj.*) – (făcând referire la oameni) Învechit în rele, în vicii.

ÎNVEDERAT (*adj.*) – Care se poate vedea și înțelege bine.

❋

INVOLUAT (*adj.*) – Care s-a întors la un stadiu anterior, care a regresat.

INVOLUT (*adj.*) – (BOT.) (făcând referire la un organ) Răsucit spre interior.

❋

IOTĂ (*s.f.*) – (POP. și FAM.) În expresia „Nici o iotă" = Deloc, câtuși de puțin.

IUTĂ (*s.f.*) – **1.** Plantă cultivată în regiunile tropicale pentru fibrele textile extrase din tulpină. **2.** Fibră textilă obținută din tulpina iutei.

✳

IPOTEZĂ (*s.f.*) – **1.** Presupunere, enunțată pe baza unor fapte cunoscute, cu privire la anumite legături între fenomene care nu pot fi observate direct sau cu privire la esența fenomenelor, la cauza sau la mecanismul intern care le produce. **2.** Presupunere cu caracter provizoriu, formulată pe baza datelor experimentale existente la un moment dat sau pe baza intuiției, impresiei etc. **3.** (MAT.) Ansamblul proprietăților date într-o demonstrație și cu ajutorul cărora se obțin noi propoziții.

EPITEZĂ (*s.f.*) – **1.** (MED.) Corecțiune a unei articulații defectuoase. **2.** (LINGV.) Adaos al unui element neetimologic la sfârșitul unui cuvânt.

✳

IRITA (*vb.*) – A (se) enerva, a (se) înfuria.

IRIZA (*vb.*) – (rar) A emite culori asemănătoare cu cele ale curcubeului.

✳

ISTERIE (*s.f.*) – Boală nervoasă caracterizată prin simptome foarte variate, declanșate de șocuri emoționale.

ASTERIE (*s.f.*) – (ZOOL.) Stea de mare.

✳

IZOTIPIE (*s.f.*) – Proprietate a unor substanțe chimice de a cristaliza în aceleași forme, fără a alcătui cristale mixte.

IZOTROPIE (*s.f.*) – Proprietate a unui corp de a fi izotrop.

IZOTOP (*s.m.*) – Atom (nucleu atomic) care are același număr de ordine ca și alt atom sau nucleu atomic, dar care diferă de acesta prin masa atomică.

IZOTROP (*adj.*) – (făcând referire la corpuri, substanțe etc.) Care are proprietăți independente de direcția în spațiu.

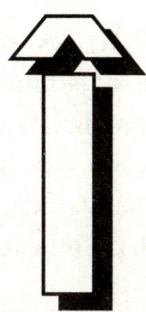

ÎMBĂIA (*vb.*) – A face baie.
ÎMBIA (*vb.*) – A (se) îndemna stăruitor să facă sau să primească ceva.

❋

ÎNĂBUȘI (*vb.*) – A nu mai putea sau a face pe cineva să nu mai poată respira.
ÎNĂDUȘI (*vb.*) – (REG.) A (se) năduși.

❋

ÎNCHINA (*vb.*) – A-și manifesta evlavia către divinitate prin practici religioase, specifice fiecărui cult; (în biserica creștină) a-și face semnul crucii.
ÎNCLINA (*vb.*) – A (se) apleca în jos sau într-o parte.

❋

ÎNCURCA (*vb.*) – **1.** A (se) ames- teca, a (se) încâlci, (REG.) a (se) bălmăji, (ÎNV.) a (se) zăminți. (Ițele s-au ~) **2.** A (se) zăpăci, (PRIN TRANSILV.) A (se) mitroși, (fam.) A (se) bramburi. (A ~ ceva.) **3.** A (se) rătăci. **4.** A (se) confunda. **5.** A (se) dezorienta. **6.** A (se) complica. **7.** A (se) fâstâci. **8.** A (se) deranja.
INCULCA (*vb.*) – (LIVR.) A întipări în mintea cuiva, prin repetare, o idee, o concepție etc.

❋

ÎNDEMN (*s.n.*) – Faptul de a îndemna; imbold, impuls.
INDEMN (*adj.*) – (JUR.) Care nu a suferit pagube.

❋

ÎNDESA (*vb.*) – A presa, a apăsa ca să încapă cât mai mult într-un spațiu limitat.
ÎNDESI (*vb.*) – A deveni sau a face să devină mai des.

❋

ÎNDRĂCIT (*adj.*) – Scos din fire, afurisit, al dracului, rău.
ÎNDRĂGIT (*adj.*) – Iubit.

❊

ÎNFIORA (*vb.*) – A face pe cineva să fie cuprins sau a fi cuprins de fiori.
ÎNFLORA (*vb.*) – A împodobi cu flori țesute, brodate etc.

❊

ÎNGLOBA (*vb.*) – A introduce ca parte integrantă într-un tot; a include.
ÎNGLODA (*vb.*) – A se înfunda în noroi; a se împotmoli.

❊

ÎNGRIJAT (*adj.*) – Îngrijorat, neliniștit.
ÎNGRIJIT (*adj.*) – Căruia i se poartă de grijă.

❊

ÎNVÂRTI (*vb.*) – A (se) mișca în cerc, a (se) întoarce de jur împrejur.
INVERTI (*vb.*) – A face o inversiune (simetrică); a schimba, a transforma.

❊

ÎNVEDERAT (*adj.*) – Care se poate vedea și înțelege bine.
INVETERAT (*adj.*) – (făcând referire la oameni) Învechit în rele, în vicii.

❊

INVESTI (*vb.*) – A acorda cuiva în mod oficial o autoritate, o demnitate, o atribuție.
INVESTI (*vb.*) – A aloca bani, capital etc. într-o afacere; a face o investiție.

❊

ÎNVIFORAT (*adj.*) – (POP.) Bătut, cuprins de vifor.
ÎNVIGORAT (*adj.*) – Înzdrăvenit, întărit.

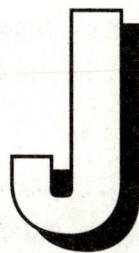

JANTĂ (*s.f.*) – **1.** Partea exterioară periferică a unei roți de autovehicul, de bicicletă etc., construită astfel încât să permită montarea pe roată a unui pneu. **2.** În sintagma „A rămâne (sau a fi) pe jantă" = a avea cauciucul dezumflat; (FAM.) A rămâne fără bani, a fi lefter.

GEANTĂ (*s.f.*) – Obiect din piele sau din diverse materiale, de formă dreptunghiulară, care servește la transportarea cu mâna a unor acte, cărți etc; poșetă.

❈

JAPCĂ (*s.f.*) – În singtama „A lua cu japca" = A lua cu forța și pe nedrept.

JAPȘĂ (*s.f.*) – Depresiune de mică adâncime din bălțile sau din Delta Dunării, acoperită de apă doar în timpul revărsărilor, în care se dezvoltă o bogată vegetație de apă.

❈

JAPONEZ (*s.m.*) – Persoană care face parte din populația de bază a Japoniei sau care este originară din Japonia.

LAPONEZ (*s.m.*) – Persoană care face parte din populația de bază a Laponiei sau care este originară din Laponia.

❈

JARIȘTE (*s.f.*) – **1.** (INV.) Jar, foc; vatră. **2.** Loc pustiit de foc.

ZARIȘTE (*s.f.*) – **1.** Zare, orizont. **2.** Luminiș în pădure.

❈

JARDĂ (*s.f.*) – Os mort care se dezvoltă pe fața din afară a jaretului.

JOARDĂ (*s.f.*) – Nuia lungă, subțire și flexibilă.

✻

JEP (*s.m.*) – **1.** Arbust din familia pinului, răspândit în zonele alpine sub formă de tufișuri. **2.** (incorect) Marcă de autoturism de teren; nume generic pentru orice autoturism de teren. (corect Jeep).

JIP (*s.m.*) – **1.** (REG.) Jeg. **2.** (REG.) Copac tânăr, lung și subțire.

✻

JINDUI (*vb.*) – A dori ceva în mod intens; a râvni.

JINTUI (*vb.*) – A frământa cașul pentru a-1 stoarce de zer.

✻

JINTIȚĂ (*s.f.*) – Produs lactat cu mare valoare nutritivă și dietetică, preparat prin încălzirea lentă, până la 80-85° C, a zerului scurs din caș.

JITNIȚĂ (*s.f.*) – Magazie de grâne; grânar; hambar.

✻

JOJĂ (*s.f.*) – Tijă metalică folosită ca indicator în verificarea nivelul uleiului dintr-un recipient.

LOJĂ (*s.f.*) – **1.** Compartiment în jurul unei săli de spectacole separat printr-un perete subțire, având locuri numai pentru câteva persoane. **2.** Cavitate a florii unei plante în care se află ovulele sau polenul. **3.** Cavitate în fructul unei plante unde se află semințele.

✻

JUSTEȚE (*s.n.*) – Însușirea a ceea ce este just; adevăr, dreptate.

JUSTIȚIE (*s.n.*) – Totalitatea organelor de jurisdicție dintr-un stat; totalitatea legilor și a instanțelor judecătorești.

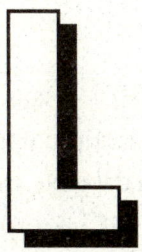

LABIAL (*adj.*) – Care aparține buzelor, făcând referire la buze.

LABIAT (*adj.*) – (făcând referire la corole și calicii) Care are forma unei pâlnii cu marginea tăiată în doi lobi principali, așezați unul deasupra altuia ca niște buze.

❋

LACAZĂ (*s.f.*) – Enzimă oxidantă care se găsește în sfeclă, morcovi, fructe etc.

LACTAZĂ (*s.f.*) – Enzimă care transformă lactoza în glucoza și galactoză.

❋

LACTAZĂ (*s.f.*) – Enzimă care transformă lactoza în glucoza și galactoză.

LACTOZĂ (*s.f.*) – Substanță organică incoloră, solidă, care se extrage din zer, folosită în industria de medicamente.

❋

LACERNĂ (*s.f.*) – Manta largă deschisă, pe care romanii o purtau peste togă și care se prindea cu o agrafă la gât.

LUCERNĂ (*s.f.*) – Plantă perenă din familia leguminoaselor, cu frunze compuse din câte trei foliole și cu flori albastre-violacee, cultivată ca plantă furajeră (*Medicago sativa*).

❋

LACUNĂ (*s.f.*) – Spațiu gol în interiorul unui corp; gol; întrerupere involuntară și penibilă într-un text, în înlănțuirea unor idei etc.

LAGUNĂ (*s.f.*) – Porțiune din bazinul unei mări sau al unui ocean separată aproape complet de rest printr-o fâșie îngustă de pământ.

※

LACUNAR (*adj.*) – Care prezintă lacune, goluri.

LAGUNAR (*adj.*) – Care aparține lagunelor, făcând referire la lagune.

※

LAMĂ (*s.f.*) – **1.** Placă subțire din diverse materiale, care are diferite întrebuințări (în aparatura tehnică); mică placă subțire, cu tăișuri pe ambele laturi, care se montează la un aparat de ras. **2.** Partea metalică și tăioasă a unui instrument. **3.** Gen de mamifere rumegătoare asemănătoare cu cămila, dar fără cocoașă, care trăiesc pe platourile înalte din America de Sud.

CAMĂ (*s.f.*) – Proeminență pe un ax care servește spre a ridica, pentru o anumită fracțiune din perioada de mișcare a axului, o pârghie ce se sprijină de ea.

※

LAMBĂ (*s.f.*) – Lanț care leagă crucea protapului unui car cu capetele osiei.

LAMPĂ (*s.f.*) – Aparat sau dispozitiv care produce lumină prin arderea unui combustibil sau folosind curentul electric.

※

LAMEVAȚIE (*s.f.*) – (ANAT.) Așezare a unor elemente anatomice în straturi suprapuse sau concentrice.

LUMINAȚIE (*s.f.*) – (rar) Iluminație.

※

LAMINA (*vb.*) – A prelucra un material cu ajutorul laminorului.

LUMINA (*vb.*) – A produce, a emite, a răspândi lumină.

※

LAMINAR (*adj.*) – Care este alcătuit din lamele sau straturi paralele.

LIMINAR (*adj.*) – (LIVR.) Inițial, introductiv.

✻

LAMINAȚIE (*s.f.*) – (ANAT.) Așezare a unor elemente anatomice în straturi suprapuse sau concentrice.
LUMINAȚIE (*s.f.*) – (rar) Iluminație.

✻

LAND (*s.n.*) – Provincie autonomă în organizarea administrativă a Austriei și a Germaniei.
LANDĂ (*s.f.*) – Șes situat pe țărmurile Atlanticului, format din nisipuri marine neproductive, fixe sau mișcătoare.

✻

LANSETĂ (*s.f.*) – Undiță prevăzută cu năluci și mulinetă, folosită pentru pescuitul peștilor răpitori.
LASETĂ (*s.f.*) – **1.** Cordon îngust folosit la confecționarea unor dantele. **2.** Obiect de decorație interioară, realizat din acest cordon.

✻

LAPIDAR (*adj.*) – **1.** (făcând referire la inscripții) Săpat în piatră. **2.** (făcând referire la vorbire) Care evocă prin concizie stilul inscripțiilor latine; concis, laconic.
LAPIDARIU (*s.n.*) – Colecție de pietre mari sculptate sau gravate (statui, basoreliefuri etc).

✻

LAPONEZ (*s.m.*) – Persoană care face parte din populația de bază a Laponiei sau care este originară din Laponia.
JAPONEZ (*s.m.*) – Persoană care face parte din populația de bază a Japoniei sau care este originară din Japonia.

✻

LAVRĂ (*s.f.*) – Mănăstire mare din unele țări ortodoxe, unde călugării locuiesc în chilii aflate la distanță unele de altele, în felul caselor unui sat.

LARVĂ (*s.f.*) – (BIOL.) Nume dat primei forme pe care o au la ieșirea din ou unele animale care se dezvoltă prin metamorfoză.

✻

LASTEX (*s.n.*) – Fir de cauciuc îmbrăcat în fibre textile, care se folosește în industria confecțiilor.
LATEX (*s.n.*) – Suc lăptos secretat de anumite plante.

✻

LATITUDINE (*s.f.*) – Distanța unghiulară a unui punct de pe glob față de ecuator, măsurată pe meridianul care trece prin acel punct și exprimată în grade, minute și secunde.
PLATITUDINE (*s.f.*) – (la SG.) **1.** Faptul de a fi plat. **2.** Banalitate, mediocritate.

✻

LATRINĂ (*s.f.*) – Closet rudimentar; privată, hazna.
LETRINĂ (*s.f.*) – (TIPOGR.) Literă majusculă folosită la început de capitol în ediții bibliofile.

✻

LAȚ (*s.n.*) – Nod larg la capătul unei sfori, întocmit în așa fel încât să se poată strânge în jurul unui punct fix.
LANȚ (*s.n.*) – Șir de verigi, de zale etc. metalice, unite între ele pentru a forma un tot, care servește pentru a lega ceva, pentru a transmite o mișcare etc.

✻

LAVETĂ (*s.f.*) – Cârpă de spălat.
LEVATĂ (*s.f.*) – **1.** Operație de scoatere a mosoarelor sau a țevilor pline de pe mașinile de semitort sau de filat dintr-o filatură. **2.** (la jocul de cărți) Totalitatea cărților pe care unul dintre jucători le poate

ridica de pe masă în baza unei cărți mai mari sau a unui atu.

※

LAZULIT (*s.m.*) – Fosfat natural hidratat de aluminiu, de magneziu, de fier și de calciu, cristalizat, de culoare albăstrie, abraziv, folosit la confecționarea lentilelor.
AZURIT (*s.m.*) – Carbonat natural de cupru, cristalizat, de culoare albastră, întrebuințat ca piatră de ornament, ca materie colorantă și ca minereu de cupru.

※

LAZULIT (*s.m.*) – Fosfat natural hidratat de aluminiu, de magneziu, de fier și de calciu, cristalizat, de culoare albăstrie, abraziv, folosit la confecționarea lentilelor.
LAZURIT (*s.n.*) – Silicat natural de aluminiu și de sodiu, asociat cu sulfură de sodiu, de culoare albastră intensă, cristalizat, folosit la confecționarea unor obiecte de artă, la prepararea unor vopsele; lapis, lapislazuli.

※

LĂPTAR (*s.m.*) – Bărbat care se ocupă cu vânzarea sau colectarea laptelui.
LĂPTAȘ (*s.n.*) – Unealtă de pescuit realizată din una sau mai multe plase legate în formă de sac cu gura foarte largă.

※

LĂUT (*s.n.*) – (POP.) Acțiunea de a (se) spăla.
LĂUTĂ (*s.f.*) – Instrument muzical asemănător cu cobza.

※

LECTOR (*s.m.*) – **1.** Grad în unele instituții de învățământ superior, mai mare decât asistentul și mai mic decât conferențiarul; persoană care are acest grad. **2.** Membru al unui lectorat **3.** (înv.) Persoană care ținea lecții sau care conducea seminariile în învățământul politic, în universitățile populare etc.

LICTOR (*s.m.*) – În Roma antică, persoană care însoțea în anumite ocazii pe înalții demnitari, mergând înaintea lor și purtând fasciile.

✵

LED (*s.n.*) – (ELECTRON.) Diodă (electro)luminescentă.

LIED (*s.n.*) – Compoziție muzicală cu caracter liric, făcută pe textul unei poezii scurte.

✵

LEGATAR (*s.m.*) – Persoană care beneficiază de un testament.

LEGĂTOR (*s.m.*) – Persoană specializată în legatul cărților.

✵

LEGIC (*adj.*) – Care are caracter de lege obiectivă.

LOGIC (*adj.*) – Potrivit cu regulile logicii; rațional, just.

✵

LEGHE (*s.f.*) – Unitate de măsură pentru distanțele terestre sau maritime, variind între 4 și 5,5 km.

ZEGHE (*s.f.*) – Haină țărănească lungă, împodobită uneori cu găitane negre, care se poartă în ținuturile muntoase; haină făcută din piele de oaie, cu care se îmbracă ciobanii.

✵

LEVIER (*s.n.*) – Pârghie de manevră (la o mașină).

LEVRIER (*s.m.*) – Câine de vânătoare, cu pântecele supt și cu picioarele înalte și puternice, specializat în vânarea iepurilor.

✵

LEVIER (*s.n.*) – Pârghie de manevră la o mașină.

ORFREVIER (*adj.*) – Care se referă la orfevrărie, care aparține orfevrăriei.

✵

LEZARD (*s.n.*) – Piele de șopârlă tăbăcită.

LEZARDĂ (*s.f.*) – Panglică folosită în tapițerie pentru a acoperi locul de prindere a tapiseriei.

❋

LIBAȚIE (*s.f.*) – În antichitate, act ritual care consta în gustarea și apoi vărsarea unei cupe de vin, lapte etc. ca omagiu adus divinității. **2.** Închinare a paharului cu băutură în cinstea cuiva la o petrecere.

LIBRAȚIE (*s.f.*) – (ASTRON.) Mișcare aparentă, de ușoară balansare a Lunii față de poziția sa mijlocie, care permite observarea de pe pământ a ceva mai mult de jumătate din suprafața lunară.

❋

LIBERT (*s.m.*) – Sclav roman eliberat.

LIBRET (*s.n.*) – **1.** Textul unei opere muzicale, al unei operete sau al unui oratoriu. **2.** Carnet eliberat de casele de economii persoanelor care își depun economiile aici.

❋

LIBIAN (*s.m.*) – Persoană care face parte din populația de bază a Libiei sau este originară de acolo.

LIDIAN (*s.m.*) – Persoană care făcea parte din populația de bază a Lidiei antice sau era originară de acolo.

❋

LICOARE (*s.f.*) – **1.** Băutură fină, savuroasă. **2.** Lichid medicamentos. **3.** Substanță lichidă folosită ca reactiv în diverse reacții chimice.

LUCOARE (*s.f.*) – (ÎNV.) **1.** Lumină; lucire, strălucire. **2.** Radiație electromagnetică, emisă de unele corpuri luminescente sau incandescente, care, acționând asupra retinei ochiului, permite ca lumea înconjurătoare să fie vizibilă; lumină. **3.** (*fig.*) Sursă care luminează spiritul.

❋

LIFT (*s.n.*) – Ascensor.

LIFTĂ (*s.f.*) – Termen injurios atribuit în trecut de către români persoanelor de altă religie.

❋

LIGNIT (*s.n.*) – Cărbune natural de calitate inferioară, de culoare brună-negricioasă, sfărâmicios.

LIHNIT (*adj.*) – Foarte flămând; hămesit.

❋

LIMEN (*s.m.*) – (MAT.) Linie despărțitoare, limită.

LIMES (*s.m.*) – Sistem de apărare folosit de romani, care consta dintr-un zid de piatră sau dintr-un val de pământ, construit la granițele provinciilor.

❋

LIMFĂ (*s.f.*) – Lichid transparent, incolor sau gălbui, care circulă prin vasele și ganglionii limfatici și în spațiile intercelulare ale organismului vertebratelor, transportând diferite substanțe între sânge și țesuturi.

NIMFĂ (*s.f.*) – **1.** În mitologia greacă, fiecare dintre zeițele apelor, ale pomilor, ale crângurilor și ale munților, personificând forțele naturii. **2.** (*fig.*) Fată tânără și frumoasă, plină de grație. **3.** Formă de metamorfoză prin care trec unele insecte după stadiul de larvă și înainte de a se transforma în insecte adulte; pupă.

❋

LINEAL (*s.n.*) – **1.** Instrument metalic, de forma unei bare, folosit pentru trasare, măsurare sau verificare de dimensiuni. **2.** Dispozitiv acționat mecanic sau electric format din piese paralelipipedice de oțel forjat, care servește la conducerea materialului de laminat la intrarea în unele laminoare. **3.** Bară din oțel așezată în lungul unuia dintre valurile presei tipografice pentru a forma jgheabul de cerneală. **4.** Dispozitiv al mașinii de cusut, care servește la formarea cusăturilor paralele cu marginea materialului. **5.** Element al unei mașini de cardat bumbac, folosit la pieptănarea fibrelor scurte de pe tobă.

LINIAR (*adj.*) – Care este în formă de linie dreaptă.

※

LINIAMENT (*s.n.*) – Linie, trăsătură.

LINIMENT (*s.n.*) – Preparat farmaceutic folosit pentru fricțiuni sau aplicații locale.

※

LIPCAN (*s.m.*) – Curier oficial (turc sau tătar) care făcea legătura între Țările Românești și Constantinopol sau în interiorul țării.

LIPSCAN (*s.m.*) – Negustor care vindea pe piețele românești mărfuri aduse de la Lipsca.

※

LIS (*adj.*) – (REG.) **1.** (făcând referire la cai și câini) Cu părul sclipitor și cu o pată albă pe frunte, pe bot. **2.** Nume dat de ciobani vitelor, câinilor. **3.** (rar) Neted.

LISĂ (*s.f.*) – Bară orizontală din lemn, din beton sau din oțel, fixată între stâlpii unei balustrade.

※

LISĂ (*s.f.*) – Bară orizontală din lemn, din beton sau din oțel, fixată între stâlpii unei balustrade.

LISTĂ (*s.f.*) – Foaie, document etc. care conține o

enumerare de persoane, obiecte etc, într-o anumită ordine.

✳

LITERAL (*adj.*) – Care se face, se reproduce cuvânt cu cuvânt, literă cu literă; textual.

LITERAR (*adj.*) – Care aparține literaturii, care se referă la literatură, care corespunde cerințelor literaturii.

✳

LITRĂ (*s.f.*) – (POP.) Măsură de capacitate sau de greutate, egală cu un sfert de litru sau de kilogram.

LITRU (*s.m.*) – Unitate de măsură pentru capacități, egală cu volumul ocupat de un kilogram de apă pură la temperatura de + 4° C și la presiunea de o atmosferă.

✳

LIZIBIL (*adj.*) – Care poate fi citit cu ușurință; citeț.

RIZIBIL (*adj.*) – (rar) De râs, de batjocură; ridicol, caraghios.

LOCAL (*s.n.*) – Clădire sau grup de încăperi de utilitate publică; sală special amenajată unde se servește publicului mâncare și băutură.

LOCAȘ (*s.n.*) – (rar) Încăpere, casă.

✳

LOCATAR (*s.m.*) – Persoană care trăiește într-o casă, în calitate de chiriaș.

LOCATOR (*s.m.*) – Persoană care dă în locație, care închiriază un bun.

✳

LOGOGRAF (*s.m.*) – Denumire dată primilor istorici greci care încercau să reconstituie istoria triburilor și a orașelor grecești pe baza legendelor și a cronicilor.

LOGOGRIF (*s.n.*) – Joc distractiv care constă în deducerea unui cuvânt din altul, prin adăugarea, eliminarea sau inversarea unor sunete sau a unor silabe.

✳

LOGOPAT (*s.m.*) – (MED.) Bolnav de logopatie.

LOGOPED (*s.m.*) – Persoană specializată în logopedie.

※

LOJĂ (*s.f.*) – Compartiment amenajat într-o sală de spectacol, care cuprinde un număr mic de locuri pentru spectatori.

LONJĂ (*s.f.*) – Piesă sau instalație mobilă ajutătoare, folosită în procesul de învățare a unor mișcări acrobatice în gimnastică, sărituri în apă etc.

※

LOMBAR (*adj.*) – Care se referă la regiunea șalelor.

LOMBARD (*s.n.*) – **1.** Împrumut sau avans de bani, având drept garanție efecte publice, obiecte de valoare etc. **2.** Instituție de credit care acordă astfel de împrumuturi.

※

LUMINAL (*s.n.*) – Medicament cu acțiune hipnotică, folosit mai ales în epilepsie.

LUMINAR (*s.n.*) – (TEHN.) Corp de iluminat.

※

LUMEȚ (*adj.*) – (POP.) Căruia îi place viața, societatea; iubitor de lume, de petreceri; vesel.

GLUMEȚ (*adj.*) – **1.** (făcând referire la oameni) Care face multe glume, căruia îi place să facă glume; vesel, poznaș, hâtru. **2.** (făcând referire la manifestări ale oamenilor, întâmplări, glume etc.) Care provoacă râsul; hazliu.

※

LUMINĂTOR (*adj.*) – Care luminează, care emite lumină.

LUMINATOR (*s.n.*) – Panou translucid sau transparent care înlocuiește o porțiune dintr-un perete sau plafon, pentru a asigura iluminarea naturală a unei încăperi.

✴

LUNULĂ (*s.f.*) – **1.** Figură plană formată din două arce de cerc având aceleași extremități și a căror convexitate e situată de aceeași parte. **2.** (ANAT.) Zona albă, în formă de semicerc, care se află la baza unghiei.
LUNURĂ (*s.f.*) – Alterație a lemnului.

✴

LUPAN (*s.m.*) – (reg.) Pui de lup.
LUPIN (*s.m.*) – Gen de plante erbacee din familia leguminoaselor, cu flori albastre, galbene sau albe, cultivate ca furaj, ca plante ornamentale sau ca îngrășământ verde.

✴

LUPIN (*s.m.*) – Gen de plante erbacee din familia leguminoaselor, cu flori albastre, galbene sau albe, cultivate ca furaj, ca plante ornamentale sau ca îngrășământ verde.
LUPON (*s.m.*) – **1.** Țesătură sintetică care imită blana de lup. **2.** Palton, haină confecționată din lupon.

✴

LUSTRĂ (*s.f.*) – Lampă ornamentală, având forme variate, suspendată de plafonul unei încăperi.
LUSTRU (*s.n.*) – Strălucire naturală sau obținută prin procedee artificiale a suprafeței unui obiect; luciu.

✴

LUTRIN (*s.m.*) – (rar) Pupitru înalt pe care se pun cărțile în corul unei biserici catolice.
LUSTRIN (*s.m.*) – Țesătură subțire de mătase (naturală sau artificială) sau de bumbac, având un luciu specific.

MACHETĂ (*s.f.*) – Reproducere, de regulă la o scară redusă, a unei lucrări de urbanistică, a unei piese tehnice etc.

MOCHETĂ (*s.f.*) – Țesătură plușată folosită pentru covoare; bucată din acest tip de țesătură care acoperă (de regulă) toată suprafața podelei.

❋

MAESTRU (*s.m.*) – Persoană care a adus contribuții valoroase într–un domeniu de activitate, fiind adesea considerată îndrumător, șef, model etc.

MAISTRU (*s.m.*) – Persoană care are o meserie; meșter, meseriaș.

❋

MAGNAT (*s.m.*) – **1.** Mare latifundiar maghiar sau polonez. **2.** Mare capitalist.

MAGNET (*s.m.*) – Minereu de fier care are proprietatea de a atrage materialele feromagnetice.

❋

MAGNETON (*s.m.*) – (FIZ.) Unitate de măsură pentru magnetizația electronului și a nucleelor atomice.

MAGNETOU (*s.n.*) – Mic generator electric de curent alternativ, folosit la motoarele cu aprindere electrică.

❋

MAHON (*s.m.*) – Nume dat mai multor specii de arbori din regiunea tropicală a Americii, cu lemnul de culoare brun-roșiatică, folosit la fabricarea mobilei de lux.

MAHONĂ (*s.f.*) – Nume dat mai multor vase sau unor ambarcații folosite la transportul mărfurilor, la pescuit etc.

❋

MALACIE (*s.f.*) – (MED.) **1.** Pierdere a consistenței, ramolire a unui organ sau țesut; ramolisment. **2.** Dorință patologică de a ingera alimente picante.

MALADIE (*s.f.*) – Alterare de natură organică sau funcțională a stării normale a unui organism (uman sau animal); boală; afecțiune; morb.

❋

MALEFIC (*adj.*) – (LIVR.) Care are o influență nefastă, fatală.

MALEIC (*adj.*) – (CHIM) În sintagma „Acid maleic" = Acid obținut prin oxidarea benzenului, folosit în industria chimică și textilă.

❋

MALTAZĂ (*s.f.*) – Enzimă care are proprietatea de a transforma maltoza în glucoză.

MALTOZĂ (*s.f.*) – Substanță zaharoasă formată din două molecule de glucoză; zahăr de malț.

❋

MALȚ (*s.n.*) – Produs obținut din boabe de cereale încolțite (în special din orz), uscate și măcinate, folosit la fabricarea berii și a a spirtului.

VALȚ (*s.n.*) – **1.** Mașină sau instalație formată din una sau mai multe perechi de cilindri grei, dispuși paralel și având rotire inversă unul față de celălalt, folosită la prelucrarea prin deformare plastică a materialelor metalice, la sfărâmarea boabelor de cereale, la prelucrarea cauciucului etc. **2.** Cilindru care intră în componența unei mașini.

❋

MALȚ (*s.n.*) – Produs obținut din boabe de cereale încolțite (în special din orz), uscate și măcinate, folosit la fabricarea berii și a spirtului.

SMALȚ (*s.m.*) – **1.** Masă sticloasă formată din diverși oxizi anorganici, cu care se acoperă suprafața obiectelor de ceramică sau de metal pentru a le face impermeabile, a le feri de oxidare sau a le înfrumuseța; email. **2.** Material sticlos sau obiect făcut dintr-un astfel de material. **3.** Substanță albă și lucioasă care acoperă suprafața vizibilă a dinților.

✻

MANADĂ (*s.f.*) – Nume dat în Spania medievală unei trupe de oameni înarmați conduse de rege sau de om bogat.

MONADĂ (*s.f.*) – **1.** Termen folosit în filozofia lui Leibniz pentru a desemna cea mai simplă unitate indivizibilă din care ar fi alcătuită lumea. **2.** Organism inferior, microscopic, care face trecerea de la plante la animalele cele mai simple.

✻

MANDARINĂ (*s.f.*) – Fruct asemănător cu portocala, dar mai mic decât aceasta, cu coaja mai subțire și cu miezul mai dulce.

MANDRINĂ (*s.f.*) – Dispozitiv de fixare pe o mașină-unealtă a unei piese în vederea prelucrării acesteia.

✻

MANEJ (*s.n.*) – **1.** Loc special unde se dresează sau se antrenează caii, unde se învață călăria etc. **2.** Arenă pe care evoluează (la circ) animalele dresate. **3.** Exerciții care se fac cu caii pentru a-i dresa sau pentru a-i antrena.

MENAJ (*s.n.*) – **1.** Conducere a treburilor casnice; activitatea gospodinei; gospodărie. **2.** „Școală de menaj" = școală specială pentru fete, în care se predau noțiuni de gospodărie; **3.** „Obiect de menaj" = obiect de uz casnic. **4.** Căsnicie; familie.

✻

MANGAL (*s.n.*) – Cărbune ușor, sfărâmicios, obținut prin arderea incompletă a lemnelor în cuptoare speciale sau prin stingerea forțată a jeraticului.

MANGAN (*s.n.*) – Element chimic din grupa metalelor, întrebuințat în metalurgie.

✻

MANGUSTĂ (*s.f.*) – Mamifer carnivor din sudul Asiei, cu corpul alungit, suplu, cu bot ascuțit, cu labe scurte, cu coadă lungă și stufoasă și cu blană cenușie, aspră (*Herpestes mungo*)

LANGUSTĂ (*s.f.*) – Animal crustaceu de mare, asemănător cu racul, dar lipsit de clești, cu antene foarte lungi și cu carapacea spinoasă, de culoare violacee, a cărei carne este foarte gustoasă (*Palinurus vulgaris*).

✻

MANDRIL (*s.m.*) – Specie de maimuță din Africa Ecuatorială, cu coada scurtă, cu fața colorată în albastru și roșu și blană măslinie-brună.

MANDRIN (*s.m.*) – **1.** Piesă ascuțită folosită la găurirea tablei metalice; dorn, priboi. **2.** Unealtă calibrată pentru lărgirea sau formarea găurilor din piese tubulare sau inelare. **3.** Sârmă care se așază înăuntrul instrumentelor găunoase (ace, trocare etc.) pentru a împiedica astuparea lor.

✻

MARCOTĂ (*s.f.*) – Lăstar al unei plante, nedesprins de ea, înfipt cu capătul liber în pământ pentru a prinde rădăcină și care, tăiat și răsădit după ce a făcut rădăcină, dă o plantă nouă.

MAROTĂ (*s.f.*) – Preocupare excesivă, uneori obsedantă pentru un anumit lucru; idee fixă.

❋

MARIAJ (*s.n.*) – (LIVR.) Căsătorie.

MARIAȘ (*s.m.*) – Monedă austriacă de argint, care a circulat și în Țările Românești.

❋

MARINAR (*s.m.*) – Persoană care face parte din echipajul unei nave.

MARINAT (*adj.*) – (făcând referire la pește, carne etc.) Pregătit sau conservat cu bulion, untdelemn, lămâie sau oțet și diverse condimente.

❋

MARJĂ (*s.f.*) – (LIVR.) Rezervă de care se poate dispune în anumite limite.

MARȘĂ (*s.f.*) – Sol format de depunerile rămase după retragerea apelor mării.

❋

MARMITĂ (*s.f.*) – Vas mare cu două toarte și cu capac, în care se transportă mâncarea caldă.

MARMOTĂ (*s.m.*) – Gen de mamifere rozătoare, cu corpul scurt și gros, cu blana cenușie, care hibernează.

❋

MARȚIAL (*adj.*) – **1.** (LIVR.) Solemn și grav. **2.** Ostășesc, militar, de război.

MARȚIAN (*adj.*/s.) – 1. (*adj.*) Din planeta Marte. **2.** (*s.m.*) Presupus locuitor al planetei Marte.

❋

MASCON (*s.m.*) – Formație structurală a scoarței Lunii, având o densitate mai mare decât densitatea formațiilor înconjurătoare.

MASON (*s.m.*) – Membru al organizației masonice; francmason.

❋

MASCOTĂ (*s.f.*) – **1.** Ființă sau lucru considerat ca purtător de noroc. **2.** Numele unei prăjituri.

MASCATĂ (*adj.*) – **1.** Care poartă mască. **2.** Care nu se vede, fiind acoperit de un alt obiect, de un strat de material etc.; care este ascuns privirilor; camuflat. **3.** (*fig.*). Care ascunde realitatea sub o aparență înșelătoare; disimulat

※

MASLU (*s.m.*) – Slujbă religioasă creștină care se oficiază pentru un om grav bolnav sau la anumite sărbători bisericești și la care se face ungerea cu mir; slujbă bisericească de sfințire a untdelemnului pentru mir, oficiată în miercurea dinaintea Paștilor.

MASLĂ (*s.f.*) – (rar) Fiecare din cele patru culori ale cărților de joc.

※

MAȘTER (*adj./s.*) – **1.** (*s.f.*) (ÎNV. și REG.) Mamă vitregă; mașteră. **2.** (*adj.*) (REG.) (despre frați, surori) Vitreg. **3.** (*fig.*) Aspru, crud, nemilos.

MEȘTER (*s.*) – Persoană care are și care practică o meserie.

※

MEDIAN (*adj.*) – Care se află la mijloc.

MEDIAT (*adj.*) – Care are legătură indirectă cu ceva; indirect.

※

MĂDULAR (*s.n.*) – (POP.) Fiecare din membrele unei ființe; fiecare dintre părțile sau organele din care este alcătuită o ființă.

MEDULAR (*adj.*) – Care aparține măduvei spinării sau măduvei osoase ori care se referă la acestea.

※

MÂNTUI (*vb.*) – **1.** (POP.) A (se) salva dintr-o primejdie, de la moarte. **2.** (în limbaj bisericesc) A ierta sau a obține iertarea pentru păcatele săvârșite, a scăpa de pedeapsa divină.

MÂNUI (*vb.*) – A folosi o unealtă, un instrument, cu ajutorul mâinilor.

❋

MEDIAȚIE (*s.f.*) – Acțiunea de a media; mediere, mijlocire.

MEDITAȚIE (*s.f.*) – Reflectare, cugetare adâncă; reflecție.

❋

MELAMINĂ (*s.f.*) – Substanță chimică organică, întrebuințată la fabricarea unor materiale plastice rezistente.

MELANINĂ (*s.f.*) – Pigment organic de culoare neagră, care conține fier și sulf și care se găsește în coroidă, în păr ori în piele.

❋

MELANĂ (*s.f.*) – Fibră textilă sintetică cu proprietăți asemănătoare lanai.

MELENĂ (*s.f.*) – Eliminare a unui scaun negru, conținând sânge provenit din părțile superioare ale tubului digestiv.

❋

MELASĂ (*s.f.*) – Reziduu siropos de culoare brună, provenit de la extragerea zahărului din sfeclă sau din trestie de zahăr și care servește ca hrană pentru vite.

MELISĂ (*s.f.*) – **1.** Plantă erbacee perenă din familia labiatelor, cu flori albe, plăcut mirositoare, mult căutate de albine, și cu frunzele ovale, folosită în medicină pentru calitățile ei stimulatoare și antispasmodice; roiniță (*Melissa officinalis*). **2.** Băutură alcoolică aromată (întrebuințată în medicina populară), obținută prin fermentarea frunzelor plantei de mai sus.

※

MELON (*s.m.*) – Pălărie din fetru cu calotă rotundă și bombată, cu boruri înguste, îndoite în sus, purtată de bărbați; gambetă.

FELON (*s.n.*) – Pelerină scurtă purtată de preot peste celelalte veșminte, în timpul slujbei religioase.

※

MENADĂ (*s.f.*) – **1.** (MITOL.) Bacantă. **2.** (*fig.*) Femeie exaltată, nestăpânită.

MONADĂ (*s.f.*) – **1.** Termen folosit în filozofia lui Leibniz pentru a desemna cea mai simplă unitate indivizibilă din care ar fi alcătuită lumea. **2.** Organism inferior, microscopic, care face trecerea de la plante la animalele cele mai simple.

※

MENAJERIE (*s.f.*) – Loc special amenajat în care sunt ținute animalele vii, în special cele sălbatice, pentru a fi expuse publicului.

MESAGERIE (*s.f.*) – Oficiu de unde se expediază mărfurile.

※

MERLINĂ (*s.f.*) – Frânghie subțire alcătuită din trei fire de in sau de cânepă răsucite împreună, folosită la matisarea parâmelor.

BERLINĂ (*s.f.*) – (ÎNV.) **1.** Trăsură mare închisă, asemănătoare cu cupeul, cu două banchete așezate față în față. **2.** Autoturism cu două sau patru portiere și cu patru geamuri laterale.

※

MERLON (*s.n.*) – Fiecare dintre masivele de zidărie care depășeau parapetul și limitau crenelurile la lucrările de fortificație antice și medievale.

MERLOT (*s.n.*) – Soi de viță-de-vie de origine franceză din care se obțin vinuri roșii superioare.

※

MESĂ (*s.f.*) – (la catolici și la luterani) Liturghie.

MEȘĂ (*s.f.*) – **1.** Șuviță de păr de altă culoare decât restul părului; șuviță falsă de păr, atașată la părul natural pentru a-l înfrumuseța. **2.** Bucată de tifon sau de vată care se introduce într-o rană pentru a o drena.

❋

METAFAZĂ (*s.f.*) – (BIOL.) A doua fază în diviziunea celulei prin mitoză, în care fiecare cromozom se împarte în câte doi cromozomi.

METAFRAZĂ (*s.f.*) – Transpunere a unei poezii în proză.

❋

METEOROLOGIE (*s.f.*) – Ramură a geofizicii care se ocupă cu studiul proprietăților atmosferei și cu fenomenele care au loc în aceasta.

METROLOGIE (*s.f.*) – Parte a fizicii care se ocupă cu măsurările precise, cu stabilirea unităților și a procedeelor de măsură etc.

❋

METRESĂ (*s.f.*) – Amantă, întreținută, ibovnică.

METREZĂ (*s.f.*) – (cinema) Instrument pentru măsurarea lungimii filmelor.

❋

MIMA (*vb.*) – A interpreta un rol, o piesă sau a exprima ceva prin mimică, prin gesturi, ca un mim.

MINA (*vb.*) – A pune explozibil, mine pe uscat sau în apă; a pune o încărcătură de explozive într-o clădire, la un pod etc., în scopul aruncării lor în aer.

❋

MINER (*s.m.*) – Muncitor calificat care lucrează într-o mină.

MINIER (*adj.*) – Care ține de mină, privitor la mină.

❋

MIOCEN (*s.n.*) – Epoca inferioară a neogenului, caracterizată prin floră și faună asemănătoare cu cele actuale, în care s-au format contururile actuale ale continentelor și principalele lanțuri muntoase.

MIOGEN (*s.n.*) – Proteină de tipul albuminelor, care se găsește în țesutul muscular.

❋

MIOCEN (*s.n.*) – Epoca inferioară a neogenului, caracterizată prin floră și faună asemănătoare cu cele actuale, în care s-au format contururile actuale ale continentelor și principalele lanțuri muntoase.

MIOCEL (*s.n.*) – (MED.) Hernie musculară.

❋

MIOLOGIE (*s.f.*) – Parte a anatomiei care studiază natura, structura și funcțiile mușchilor.

MITOLOGIE (*s.f.*) – Totalitatea miturilor create de un popor sau de un grup de popoare înrudite; disciplină care se ocupă cu eplicarea, clasificarea miturilor, cu evoluția și originea lor etc.

❋

MISTIFICA (*vb.*) – A induce în eroare, a înșela; a denatura adevărul.

MITIFICA (*vb.*) – (rar) A mitiza.

❋

MOAR (*s.n.*) – **1.** Țesătură de mătase ori de bumbac mercerizat, care face ape. **2.** (TEL.) Perturbație vizibilă pe ecranul unui televizor constând într-o rețea de linii cu deplasare aleatorie.

MOLAR (*s.m.*) – Dinte gros și lat, cu mai multe rădăcini, care servește la zdrobirea alimentelor; măsea.

❋

MOAȘE (*s.f.*) – Femei (cu, sau fără, pregătire specială) care asistă și îngrijesc femeile la naștere.

MOAȘTE (*s.f.*) – În religia creștină, rămășițele mumificate din corpul unei persoane considerată sfântă, inclusiv un veșmânt, o parte din acesta sau orice alt obiect care a aparținut unei astfel de persoane și căreia i se atribuie puteri supranaturale. **2.** (POET.) Obiect rămas de la o persoană iubită sau de la un om de vază, păstrat ca o amintire scumpă; relicvă; vestigiu.

※

MOBILIAR (*adj.*) – (JUR.) Alcătuit din bunuri mobile, care se referă la bunuri mobile.

MOBILIER (*s.n.*) – **1.** Totalitatea mobilelor dintr-o încăpere, dintr-o locuință etc. **2.** Ansamblul mobilelor caracteristice unei epoci sau unui stil.

※

MODELA (*vb.*) – A executa ceva după un anumit model; a da o anumită formă unui material plastic sau adus în stare plastică.

MODULA (*vb.*) – (MUZ.) A trece de la o tonalitate la alta.

※

MODELAT (*adj.*) – Căruia i s-a dat o anumită formă (după un model).

MODULAT (*adj.*) – **1.** (făcând referire la sunete muzicale) Care a suferit o modulație. **2.** (făcând referire la mobilă) Care este format din module.

※

MOL (*s.m.*) – **1.** (CHIM.) Moleculă-gram. **2.** Dig de piatră construit către largul mării la intrarea într-un port pentru a micșora acțiunea valurilor care vin din larg.

MUL (*s.n.*) – **1.** (GEOL.) Humus pământos, fin, specific solurilor în care descompunerea masei vegetale se face mai repede decât acumularea ei. **2.** (rar) Catâr.

※

MONAH (*s.m.*) – Călugăr.
MONARH (*s.m.*) – Conducător suprem al unei monarhii; suveran.

※

MONOMAHIE (*s.f.*) – Luptă între doi oameni; duel prevăzut de legile medievale ca probă judiciară.
MONOMANIE (*s.f.*) – Stare patologică în care bolnavul este obsedat de un singur gând; idee fixă.

※

MORAR (*s.m.*) – **1.** Proprietar sau conducător al unei mori; muncitor într-o moară. **2.** Muncitor într-o întreprindere în care se macină diferite materii. **3.** Gândac cu aripile lucioase, brune sau negre, care trăiește prin mori; gândac de făină (*Tenebrio molitor*).
MOAR (*s.m.*) – **1.** Țesătură de mătase ori de bumbac mercerizat, care face ape. **2.** (TEL.) Perturbație vizibilă pe ecranul unui televizor constând într-o rețea de linii cu deplasare aleatorie.

※

MORBOS (*adj.*) – (*rar*) Bolnav; bolnăvicios.
MORVOS (*adj.*) – Bolnav de morvă; răpciugos.

※

MORDANT (*adj.*/s.) – **1.** (*adj.*) (rar) (despre note muzicale) Care se execută printr-un mic ornament melodic, un fel de tril neterminat. **2.** (*s.m.*) Substanță chimică care fixează coloranții pe fibrele textile.

MORDENT (*s.m.*) – (MUZ.) Semn de ornament care indică necesitatea de a se executa într-o succesiune rapidă, trei note.

❋

MORĂ (*s.f.*) – (*În prozodia latină*) Timp necesar pentru pronunțarea unei silabe scurte.

MURĂ (*s.f.*) – **1.** Fructul comestibil, negru și lucios, al murului. **2.** (*reg.; mai ales la pl.*) Glandă, ganglion de la pieptul sau de la gâtul unor animale. **3.** Parâmă folosită pentru a trage spre proră colțurile inferioare ale velelor pătrate.

❋

MORSĂ (*s.f.*) – **1.** Mamifer carnivor din mările polare, lung de 3-4 metri, gros și greoi, cu membre scurte în formă de lopeți, cu caninii superiori foarte dezvoltați; vacă-de-mare (*Odobaenus rosmarus*). **2.** Dispozitiv cu dinți care permite îmbucarea a două piese ale unui sistem tehnic.

MURSĂ (*s.f.*) – **1.** (REG.) Băutură fermentată preparată din miere amestecată cu apă sau cu lapte; hidromel. **2.** (*înv.*) Suc, zeamă, must (de fructe, de flori etc.).

❋

MOTORIU (*adj.*) – (rar) Care pune ceva în mișcare.

NOTORIU (*adj.*) – Cunoscut de multă lume.

❋

MOȚIUNE (*s.f.*) – Hotărâre a unei adunări, aprobată prin vot, prin care aceasta își exprimă atitudinea, doleanțele etc. în anumite probleme majore.

NOȚIUNE (*s.f.*) – Formă logică fundamentală a gândirii omenești, care reflectă caracterele generale, esențiale și necesare ale unei clase de obiecte; concept.

MREAJĂ (*s.f.*) – **1.** Unealtă de pescuit formată dintr-o plasă foarte ușoară, cu ochiuri relativ mari, cu ajutorul căreia se pescuiește în porțiunile liniștite ale apelor curgătoare sau în bălți.

MREANĂ (*s.f.*) – Pește de râu înrudit cu crapul, care poate ajunge la greutatea de 4–5 kg.

MUTAȚIE (*s.f.*) – **1.** Schimbare de domiciliu sau de sediu. **2.** Prefacere, transformare, schimbare radicală. **3.** (BIOL.) Apariție bruscă a unui caracter genetic nou, care reflectă o modificare.

NUTAȚIE (*s.f.*) – Mișcare oscilatorie periodică a axei polilor Pământului, determinată de atracția variabilă pe care o exercită Soarele și Luna asupra ecuatorului.

NACELĂ (*s.f.*) – **1.** Cabină deschisă atârnată de un balon pentru a transporta echipajul, lestul, instrumentele etc. **2.** Cabină metalică închisă în care se află echipajul și motoarele unui dirijabil. **3.** Vas de laborator de formă alungită, folosit pentru calcinări.
NUCELĂ (*s.f.*) – Partea centrală din ovulul unei plante fanerogame, în care se găsește sacul embrionar.

❋

NARCOZĂ (*s.f.*) – Stare caracterizată prin pierderea cunoștinței, relaxare musculară, diminuarea sensibilității și a reflexelor, provocată artificial prin acțiunea substanțelor narcotice asupra centrilor nervoși, în special în intervențiile chirurgicale.
ARCOZĂ (*s.f.*) – Gresie foarte bogată în feldspați.

❋

NAFT (*s.n.*) – (REG.) Petrol brut; petrol lampant.
NAHT (*s.n.*) – (ÎNV.; ÎN LOC. *adv.* și *adj.*) „În naht" = Cu banii jos, în numerar.

❋

NARD (*s.m.*) – **1.** Nume dat mai multor specii de plante erbacee, originare din zona munților Himalaya, cu rădăcină scurtă și groasă, fibroasă și foarte aromată, cu frunze moi și flori roșii-purpurii (*Nardostachys iatamansi*). **2.** Esență parfumată extrasă din rădăcina de nard.
NART (*s.n.*) – Sumă de bani fixată în trecut de autorități ca limită maximă a impozitului pe produse, pe vite etc.

❋

NAȚIONAL (*adj.*) – Care este propriu sau care aparține unei națiuni; care se referă la o națiune.

NOȚIONAL (*adj.*) – Care exprimă o noțiune; care se referă la o noțiune.

❋

NAȚIUNE (*s.f.*) – Comunitate stabilă de oameni, istoricește constituită ca stat, apărută pe baza unității de limbă, de teritoriu, de viață economică, având o cultură specifică și conștiința originii și a sorții comune.

NOȚIUNE (*s.f.*) – **1.** Formă logică fundamentală a gândirii omenești, care reflectă caracterele generale, esențiale și necesare ale unei clase de obiecte; concept. **2.** Cunoștință generală despre valoarea, sensul, însemnătatea unui lucru; idee, concepție despre ceva. **3.** (PL.) Cunoștințe, principii generale de bază într-un anumit domeniu.

❋

NAZAL (*adj.*) – Care ține de nas, privitor la nas.

NAZAR (*s.n.*) – (ÎNV.) Favoare, hatâr. „A avea (pe cineva) la nazar" = a acorda protecție, bunăvoință (cuiva), a avea (pe cineva) în grație.

❋

NĂBUȘI (*vb.*) – **1.** (POP.) A (se) sufoca, a (se) înăbuși. **2.** A potoli, a stinge focul.

NĂDUȘI (*vb.*) – A transpira, a asuda.

❋

NĂLUCI (*vb.*) – A i se părea cuiva că vede, că aude ceva.

NĂUCI (*vb.*) – A face să devină sau a deveni năuc.

❋

NECROFOB (*s.m.*) – (MED.) Persoană care suferă de teamă patologică de cadavre, de morți.

NECROFOR (*s.m.*) – Gen de insecte din ordinul coleopterelor, care se hrănesc cu cadavre.

❋

NEFRALGIE (*s.f.*) – (MED.) Durere de rinichi.
NEVRALGIE (*s.f.*) – Durere acută, localizată pe traiectul unui nerv.

❋

NEFRITĂ (*s.f.*) – Boală care constă în inflamarea rinichilor.
NEVRITĂ (*s.f.*) – Leziune inflamatorie sau degenerativă a unui nerv.

❋

NEFROPAT (*adj.*) – (MED) Bolnav de rinichi.
NEVROPAT (*adj./*s.) – Persoană care suferă de o boală de nervi.

❋

NEFROPATIE (*s.f.*) – (MED.) Denumire generică pentru bolile de rinichi.
NEVROPATIE (*s.f.*) – Denumire generală pentru diferite tulburări ale sistemului nervos.

❋

NEFROZĂ (*s.f.*) – (MED.) Afecțiune cronică a rinichiului determinată de tulburări metabolice.
NEVROZĂ (*s.f.*) – Nume generic pentru afecțiunile sistemului nervos provocate de tulburarea dinamicii normale a proceselor nervoase, în urma unor solicitări psihice excesive.

❋

NEOM (*s.m.*) – **1.** Persoană lipsită de însușirile proprii unui om normal. **2.** Persoană lipsită de omenie.
NEON (*s.n.*) – Element chimic, gaz nobil neinflamabil, incolor și inodor, folosit la umplerea unor lămpi electrice.

❋

NERV (*s.m.*) – Organ de transmisiune a impulsului nervos, care unește sistemul nervos central cu periferia organismului (piele, mușchi etc).

NEV (*s.m.*) – Tumoare benignă a pielii, colorată uneori în brun, cenuşiu sau albastru.

✻

NET (*adj.*) – **1.** (adesea ADVERBIAL) Clar, desluşit, precis; hotărât, categoric. **2.** (făcând referire la venituri) Din care s-au scăzut cheltuielile, impozitele; curat. **3.** (făcând referire la greutatea mărfurilor) Din care s-a scăzut daraua, ambalajul.

NEŢ (*s.m.*) – (SPORT) **1.** Plasă pentru jocul de tenis. **2.** Expresie folosită de arbitrul de fileu pentru a arăta că mingea a lovit plasa.

✻

NEUROM (*s.m.*) – (MED.) Tumoare benignă a nervului simpatic.

NEURON (*s.m.*) – Element structural şi funcţional de bază al sistemului nervos.

✻

NEURON (*s.m.*) – Element structural şi funcţional de bază al sistemului nervos.

NEUTRON (*s.m.*) – (FIZ.) Particulă elementară neutră din nucleul atomului, lipsită de sarcină electrică, cu masa puţin mai mare decât cea a protonului.

✻

NIDAŢIE (*s.f.*) – **1.** (LIV.) Încuibare. **2.** (MED.) Fixare a oului fecundat în mucoasa uterină.

NIVAŢIE (*s.f.*) – Acţiunea de modelare a reliefului făcută de îngheţurile şi dezgheţurile succesive în zonele înalte ale munţilor.

✻

NISIPARIŢĂ (*s.f.*) – Mic peşte din apele de munte, asemănător cu zvârluga.

NISIPARNIŢĂ (*s.f.*) – **1.** Vas mic umplut cu nisip fin, care se presăra peste o hârtie proaspăt scrisă, pentru a usca cerneala. **2.** Clepsidră.

✻

NITRIL (*s.m.*) – Substanță organică, ester al acidului cianhidric, folosită în sinteza organică.

NITRIT (*s.m.*) – (CHIM.) Azotit.

❈

NONET (*s.n.*) – Formație compusă din nouă persoane care execută o compoziție muzicală.

NONEU (*s.n.*) – (FIL.) Ceea ce există în afara eului.

❈

NORMAL (*adj.*) – Care este așa cum trebuie să fie; obișnuit, firesc, natural.

NORMAT (*adj.*) – **1.** Care se face după norme stabilite, care este corespunzător unor astfel de norme. **2.** Care este conform unei norme.

❈

NOTORIU (*adj.*) – Cunoscut de multă lume.

MOTORIU (*adj.*) – (rar) Care pune ceva în mișcare.

❈

NOȚIUNE (*s.f.*) – Formă logică fundamentală a gândirii omenești, care reflectă caracterele generale, esențiale și necesare ale unei clase de obiecte; concept.

MOȚIUNE (*s.f.*) – Hotărâre a unei adunări, aprobată prin vot, prin care aceasta își exprimă atitudinea, doleanțele etc. în anumite probleme majore.

❈

NOVELĂ (*s.f.*) – (din dreptul roman) Dispoziție suplimentară care se adaugă la o lege cuprinsă într-o codificare anterioară.

NUVELĂ (*s.f.*) – Specie literară a genului epic, mai amplă și mai complexă decât schița, mai scurtă și mai simplă decât romanul, care înfățișează un episod semnificativ din viața unuia sau a mai multor personaje.

❈

NUCLEOL (*s.m.*) – Corpuscul sferic constituit din proteine, enzime și acizi nucleici, care se găsește în interiorul unei celule organice.

NUCLEON (*s.m.*) – Denumire generică pentru cele două particule elementare (protonul și neutronul) care alcătuiesc atomul.

❋

NUME (*s.n.*) – **1.** Cuvânt sau grup de cuvinte prin care arătăm cum se cheamă o ființă, un lucru, o acțiune etc. și prin care acestea se individualizează. **2.** Calificativ, atribut, poreclă.

NUMEN (*s.n.*) – (FILOZ.) Lucru în sine, cunoscut prin rațiune, în opoziție cu fenomenul, cunoscut senzorial.

❋

NUMERAL (*s.n.*) – Parte de vorbire flexibilă care exprimă un număr, o determinare numerică a obiectelor sau ordinea obiectelor prin numărare.

NUMERAR (*s.n.*) – Valoare bănească în monede sau în hârtie-monedă, care poate fi utilizată direct pentru efectuarea unei plăți; bani lichizi; bani gheață.

❋

NUNȚIU (*s.m.*) – Reprezentant diplomatic permanent al Vaticanului într-o țară străină, asimilat ca rang ambasadorilor.

NUPȚIU (*s.m.*) – (LATINISM) Nuntă, căsătorie.

❋

NUTAȚIE (*s.f.*) – Mișcare oscilatorie periodică a axei polilor Pământului, determinată de atracția variabilă pe care o exercită Soarele și Luna asupra Ecuatorului.

MUTAȚIE (*s.f.*) – **1.** Schimbare de domiciliu sau de sediu. **2.** Prefacere, transformare, schimbare (radicală). **3.** (BIOL.) Apariție bruscă a unui caracter genetic nou, care reflectă o modificare.

OBCINĂ (*s.f.*) – Culme prelungită de deal sau de munte, care unește două piscuri; versant comun care formează hotarul dintre două proprietăți.

OCINĂ (*s.f.*) – (ÎNV. și POP.) Bucată de pământ moștenită; moștenire.

❋

OBLICA (*vb.*) – (rar) A ocoli, a coti.

OBLIGA (*vb.*) – **1.** A constrânge, a sili pe cineva; a impune. **2.** A (se) îndatora. **3.** A-și lua o sarcină, o răspundere.

❋

OBLON (*s.n.*) – Dispozitiv executat din diverse materiale, care se așază în fața sau în spatele unei ferestre, al unei uși sau al unei deschideri, pentru protecție sau pentru reglarea luminii care intră în încăpere.

OBLONG (*adj.*) – Care este mai mult lung decât lat.

❋

OBOL (*s.n.*)– **1.** Sumă modestă cu care cineva participă la o acțiune. **2.** Veche monedă grecească.

OBOR (*s.n.*) – **1.** (REG.) Loc unde se ține un târg de vite, de fân, de lemne. **2.** (pop.) Împrejmuire pentru vite. **3.** Împrejmuire de nuiele făcută într-o apă curgătoare pentru a prinde pește.

❋

OBTUZ (*adj.*) – **1.** În sintagma „Unghi obtuz" = Unghi mai mare de 90 de grade. **2.** (*fig.*) (făcând referire la oameni) Care pricepe greu, mărginit.

OBUZ (*s.n.*) – Proiectil de artilerie.

❋

OCHEADĂ (*s.f.*) – Privire semnificativă aruncată asupra unei persoane sau obiect.

OCHEANĂ (*s.f.*) – Pește lung de 20–30 cm, cu capul mic, cu partea dorsală cenușie-albăstrie, iar cea ventrală albă și cu aripioarele roșii.

❋

OCHEAN (*s.m.*) – Nume dat unor instrumente optice portative care măresc unghiul sub care se văd obiectele depărtate de pe suprafața pământului, permițând o mai bună distingere a detaliilor.

OCHEADĂ (*s.f.*) – Privire semnificativă aruncată asupra unei persoane sau obiect.

❋

OCRU (*s.n.*) – **1.** Varietate de argilă de culoare galbenă, roșie, brună etc, folosită ca pigment la realizarea unor vopsele. **2.** (adesea adjectival) Culoare galbenă-brună.

ACRU (*adj.*) – **1.** Care are gustul lămâii, al oțetului etc. **2.** (*fig.*) Morocănos, ursuz.

❋

OCTAL (*adj.*) – În sintagma „Sistem de numerotație octal" = Sistem de numerotație a cărui bază este cifra opt.

OCTAN (*s.m.*) – Hidrocarbură saturată din seria parafinelor, care există în mai multe forme izomere.

❋

OCULAȚIE (*s.f.*) – Sistem de altoire printr-un singur mugur, scos cu o porțiune de lemn și de coajă, care se introduce sub scoarța portaltoiului.

OCULTAȚIE (*s.f.*) – Dispariție temporară a unui astru datorită interpunerii între el și observator a unui alt corp ceresc.

❋

OCULIST (*s.m.*) – Oftalmolog.

OCULTIST (*s./adj.*) – **1.** (*s.m.*) Persoană care practică ocultismul. **2.** (*adj.*) Ocult.

❋

OCULISTIC (*adj.*) – De ochi.
OCULTISTIC (*adj.*) – (rar) Ocult.

❋

ODONAT (*s.n.*) – **1.** (la PL.) Ordin de insecte din care face parte libelula. **2.** (la SG.) Insectă care face parte din acest ordin.
ORDONAT (*adj.*) – **1.** (făcând referire la oameni) Căruia îi place ordinea, care păstrează ordinea. **2.** (făcând referire la obiecte) Pus în ordine, rânduit după anumite criterii.

❋

ODONAT (*s.n.*) – **1.** (la PL.) Ordin de insecte din care face parte libelula. **2.** (la SG.) Insectă care face parte din acest ordin.
ODORAT (*s.m.*) – (ÎNV.) Miros.

❋

OFICIAL (*adj.*) – **1.** Care emană de la o autoritate, de la un guvern etc. **2.** Care se conformează legilor, regulilor, formalităților (unui stat). **3.** (*fig.*) De o politețe rece, calculată.
OFICINAL (*adj.*) – Din domeniul farmaciei; farmaceutic.

❋

OFILIT (*adj.*) – **1.** (făcând referire la plante) Veștejit, îngălbenit. **2.** (*fig.*) Palid, trecut, lipsit de vigoare.
OFIOLIT (*s.n.*) – Rocă eruptivă care apare ca rezultat al procesului de scufundare și de oscilație a magmei.

❋

OLIGOPOL (*s.n.*) – Piață a mărfurilor monopolizată de un număr redus de mari producători.
OLIGOPOT (*s.m.*) – Persoană care bea foarte puțin.

❋

OLOGRAF (*adj.*) – **1.** (făcând referire la un testament) Scris în întregime de mâna persoanei care lasă o moștenire. **2.** Scris de mâna autorului.

OROGRAF (*s.m.*) – Specialist în orografie (parte a geografiei care se ocupă cu descrierea, clasificarea și studierea formelor de relief ale uscatului).

✻

OMOFON (*adj.*) – (făcând referire la cuvinte, silabe etc.) Care se pronunță la fel cu an alt cuvânt, silabă etc, fără a se scrie identic.

OMOFOR (*s.n.*) – Veșmânt bisericesc în forma unei eșarfe, pe care arhiereul îl poartă pe umeri în timpul serviciului bisericesc.

✻

ONTOLOGIC (*adj.*) – Care aparține ontologiei; făcând referire la ontologie.

ANTOLOGIC (*adj.*) – De antologie; reprezentativ.

✻

ONTOLOGIE (*s.f.*) – Ramură a filozofiei care studiază trăsăturile generale ale existenței.

ANTOLOGIE (*s.f.*) – Culegere de lucrări reprezentative, alese dintr-unul sau din mai mulți autori, dintr-una sau din mai multe opere; florilegiu, crestomație.

✻

OPACIZA (*vb.*) – A face ca un corp să devină opac.

OPALIZA (*vb.*) – (rar) A (se) face asemănător opalului.

✻

OPIS (*s.m.*) – (ÎNV.) Listă de acte, registru, indice, inventar.

OPUS (*adj.*) – Care este așezat în fața cuiva sau a ceva, în partea dimpotrivă; contrar, potrivnic.

✻

OPUS (*adj.*) – Care este așezat în fața cuiva sau a ceva, în partea dimpotrivă; contrar, potrivnic.

OPUST (*s.n.*) – (ÎNV. și POP.) Stăvilar, zăgaz rudimentar.

✻

ORAL (*adj.*) – **1.** (ANAT.) Care se referă la gură, care aparține gurii; bucal; **2.** „Sunet oral" = sunet la articularea căruia aerul trece numai prin gură. Care se ia pe cale bucală; Care se transmite verbal, din gură în gură; Care se face verbal, prin viu grai, care caracterizează graiul viu, vorbirea (în opoziție cu limba scrisă). **3.** (și substantivat, despre examene) Care se desfășoară prin întrebări și răspunsuri expuse verbal. **4.** În sintagma „Stil oral" = fel de exprimare în scris care imită naturalețea exprimării prin viu grai.

ORAR (*adj.*) – **1.** Care indică orele; făcând referire la ore; care se repetă în fiecare oră. **2.** „Diferența orară" = diferență de oră care există între două ceasornice aflate în două puncte de pe longitudini diferite ale Pământului. **3.** (*s.n.*) Program de lucru, de activitate, stabilit în ore. **4.** Tabel, tablou care arată programul de desfășurare pe ore al unei activități. **5.** Acul mic al ceasului care indică orele.

✻

ORDINAL (*adj.*) – În sintagma „Numeral ordinal" = Numeral care indică, într-o serie, locul, ordinea numerică.

ORDINAR (*adj.*) – **1.** Obișnuit, normal; comun. **2.** De calitate inferioară, fără valoare.

✻

ORDONAT (*adj.*) – **1.** (făcând referire la oameni) Căruia îi place ordinea, care păstrează ordinea. **2.** (făcând referire la obiecte) Pus în

ordine, rânduit după anumite criterii.
ODORANT (*adj.*) – **1.** Care răspândește un miros plăcut; parfumat, mirositor, odorifer, odoriferant. **2.** (TEHN.) (făcând referire la unele substanțe) Care conțin odorizanți.

❋

ORIENTAL (*adj.*) – Care aparține Orientului sau părții răsăritene a unei țări, a unei regiuni; făcând referire la Orient.
ORIENTAT (*adj.*) – Care recunoaște locul în care se află, care știe în ce direcție trebuie să se îndrepte.

❋

ORIGINAL (*adj.*) – **1.** (făcând referire la acte, documente, opere artistice etc.) Care constituie întâiul exemplar. **2.** (făcând referire la idei, teorii) Care este propriu unei persoane sau unui autor; neimitat după altcineva.

ORIGINAR (*adj.*) – **1.** Care este de loc din... **2.** În forma de la început, de origine.

❋

ORGIE (*s.f.*) – Petrecere desfrânată cu exces de mâncare și băutură; desfrâu, dezmăț.
URGIE (*s.f.*) – (POP.) Nenorocire mare care se abate asupra cuiva sau a ceva; dezlănțuire violentă a forțelor naturii.

❋

OROARE (*s.f.*) – **1.** Sentiment de groază, de dezgust. **2.** Faptă, vorbă, situație care inspiră groază, repulsie.
EROARE (*s.f.*) – Cunoștință, părere greșită; greșeală.

❋

OSÂNDĂ (*s.f.*) – **1.** (POP.) Condamnare, pedeapsă la care este supus cineva. **2.** (*fig.*) Blestem; pacoste.
OSÂNZĂ (*s.f.*) – **1.** Grăsime crudă de porc, situată în regiunea abdominală. **2.**

Grăsime depusă pe diverse părți ale corpului. **3.** (*fig.*) Bunăstare, avere, bogăție.

※

OȘEAN (*s.m.*) – Persoană născută și crescută în Țara Oașului.
OȘTEAN (*s.m.*) – (ÎNV. și POP.) Soldat, militar, ostaș.

※

OVAL (*adj./* s.) – **1.** (*adj.*) Care are formă alungită asemănătoare cu a oului de găină; eliptic. **2.** (*s.m.*) – Curbă convexă închisă, cu o axă de simetrie, a cărei curbură este mai mare în punctele de intersecție cu axa decât în oricare alt punct al ei; formă sau contur asemănător cu figura anterior mai sus.
OVAR (*s.m.*) – **1.** Fiecare dintre cele două glande de reproducere ale femelei, care conține celulele germinative și ovulele. **2.** (BOT.) Partea inferioară a pistilului, formată din carpele, care conține ovulele și care, după fecundație, se transformă în fruct.

※

OZON (*s.n.*) – Corp gazos de culoare albăstruie, cu miros caracteristic, a cărui moleculă se compune din trei atomi de oxigen, care se găsește în natură sau se poate obține în laborator.
OZOR (*s.n.*) – (REG.) Motiv, model, desen de cusătură sau de țesătură.

PACIENȚĂ (*s.f.*) – (LIVR.) Răbdare, calm, îngăduință.
PASIENȚĂ (*s.f.*) – Combinare a cărților de joc după anumite reguli bazate pe hazard, de reușita căreia jucătorul leagă realizarea unei dorințe.

✺

PAIET (*s.n.*) – Dispozitiv pentru astuparea provizorie, din exterior, a spărturilor mici produse în bordajul unei nave.
PAIETĂ (*s.f.*) – Disc de dimensiuni mici, sclipitor, de metal, de sticlă etc, folosit ca ornament pe haine, pe hârtie etc.

✺

PAIOL (*s.n.*) – (MAR.) Pardoseală de protecție cu care se căptușește podeaua încăperilor unei nave.
PAION (*s.n.*) – (rar) Împletitură din paie folosită pentru a proteja obiectele din sticlă.

✺

PALEOCEN (*s.n.*) – Prima epocă a paleogenului.
PALEOGEN (*s.n.*) – Prima perioadă a neozoicului.

✺

PALEOGRAF (*s.m.*) – Specialist în paleografie.
PALOGRAF (*s.m.*) – Instrument cu care se înregistrează oscilațiile verticale ale unei nave.

✺

PALESTRĂ (*s.f.*) – **1.** În Grecia și în Roma antică, loc special destinat pentru practicarea gimnasticii, luptelor etc. **2.** Școală de educație fizică în Atena antică, urmată de băieții în vârstă de 13-15 ani, după absolvirea școlii de gramatică și a celei de chitară.

BALESTRĂ (*s.f.*) – **1.** (IST.) Balistă. **2.** (SPORT) Salt, fandare, la scrimă.

❊

PALINGENEZĂ (*s.f.*) – (GEOL.) Fenomen de formare a magmei prin topirea unei roci preexistente.

PANGENEZĂ (*s.f.*) – Teorie evoluționistă care susține transmiterea, prin ereditate, a tuturor însușirilor dobândite.

❊

PALMER (*s.n.*) – Instrument de precizie pentru măsurarea grosimii unor piese.

PALMIER (*s.m.*) – Arbore care crește în zona tropicală și subtropicală, cu trunchiul drept, neramificat, având la vârf o coroană bogată de frunze penate sau palmate.

❊

PĂLTINAȘ (*s.m.*) – Diminutiv al lui paltin.

PĂLTINIȘ (*s.m.*) – Pădure sau desiș de paltini.

❊

PANDANT (*s.n.*) – Obiect care formează, împreună cu altul, o pereche simetrică.

PEDANT (*adj.*/s.) – **1.** (*adj.*) (făcând referire la oameni și manifestările lor) Cu pretenții de erudiție și de competență deosebită; meticulos, minuțios peste măsură. **2.** (*s.m.*) Persoană care face mereu paradă de erudiția sa și care deranjează prin minuțiozitate exagerată în lucruri fără importanță.

❊

PANEL (*s.n.*) – Semifabricat de lemn, folosit mai ales la realizarea mobilei.

PANER (*s.n.*) – Obiect făcut dintr-o împletitură de nuiele, de foi de papură etc, de obicei mai mic decât coșul, în care se trans-

PANIFICA

portă sau se depozitează diferite obiecte.

❊

PANIFICA (*vb.*) – A efectua procesul de panificație.
PLANIFICA (*vb.*) – A întocmi un plan; a programa, a organiza și a conduce pe baza unui plan.

❊

PANSIV (*adj.*) – (glumeț) Gânditor, meditativ.
PASIV (*adj.*) – Care nu reacționează în niciun fel, care este lipsit de inițiativă și de interes pentru ceea ce face.

❊

PAPARUDĂ (*s.f.*) – **1.** (POP.) Fată sau femeie care, în timp de secetă, își înfășoară corpul în verdeață, cântă și dansează pe ulițe, invocând ploaia. **2.** Femeie îmbrăcată ridicol sau fardată strident.
PAPARUGĂ (*s.f.*) – (REG.) Buburuză.

❊

PARADOS (*s.n.*) – Parapet de pământ ridicat în spatele unei tranșee, pentru a apăra militarii adăpostiți contra loviturilor din spate.
PARADOX (*s.n.*) – **1.** Enunț contradictoriu și în același timp demonstrabil. **2.** Părere absurdă, contrară adevărului unanim recunoscut.

❊

PARALAXĂ (*s.f.*) – Unghiul dintre dreptele care unesc un punct foarte depărtat cu extremitățile unei baze de observare.
PARATAXĂ (*s.f.*) – (GRAM.) Juxtapunere.

❊

PÂRGAR (*s.m.*) – (în Evul Mediu, în Țările Românești) Membru în sfatul administrativ al unui oraș sau al unui târg.
PÂRGAV (*adj.*) – (REG.) (făcând referire la fructe) Care se coace mai repede decât altele din același gen.

PARONIM (*s.n.*) – Cuvânt asemănător cu altul din punctul de vedere al formei, dar deosebit de acesta ca sens și ca origine.
PATRONIM (*s.n.*) – Nume de familie.

❊

PARONIMIC (*adj.*) – Care ține de paronime, făcând referire la paronime.
PATRONIMIC (*adj.*) – În sintagma „Nume patronimic" = Nume pe care îl poartă (după tată) toți membrii unei familii.

❊

PARONIMIE (*s.f.*) – Însușirea a două sau mai multe cuvinte de a fi paronime.
PATRONIMIE (*s.f.*) – Ramură a genealogiei care cercetează evoluția numelor după tată, într-o familie.

❊

PASIBIL (*adj.*) – Care poate sau trebuie să fie supus la o amendă, pedeapsă etc.
POSIBIL (*adj.*) – Care se poate întâmpla sau realiza, care poate fi făcut sau imaginat; care este cu putință.

❊

PATENT (*adj.*) – (făcând referire la sisteme și obiecte tehnice) Construit în chip special pentru a prezenta un obiect, utilaj sau mecanism în vederea omologării, care asigură dreptul de copyright.
PETENT (*s.m.*) – (LIVR.) Petiționar.

❊

PATINA (*vb.*) – **1.** (făcând referire la obiecte de metal oxidabil) A căpăta patină. **2.** (făcând referire la oameni) A se da pe gheață cu patinele.
PLATINA (*vb.*) – **1.** A acoperi un obiect din metal cu un strat subțire de platină. **2.** A decolora părul capului, folosind substanțe chim-

ice, dându-i o culoare blond-argintie.

❋

PATOLOGIE (*s.f.*) – Ramură a medicinii care studiază cauzele și simptomele bolilor.
PATROLOGIE (*s.f.*) – Colecție care cuprinde scrierile părinților bisericii.

❋

PĂSTOR (*s.m.*) – Cioban.
PASTOR (*s.m.*) – Preot protestant.

❋

PĂLMAR (*s.n.*) – Mănușă specială de piele, de cauciuc etc, folosită pentru protecția palmei.
PĂLMAȘ (*s.m.*) – Țăran sărac, fără vite de muncă și fără inventar agricol, care își câștiga existența muncind cu brațele la alții.

❋

PEAN (*s.m.*) – (LIVR.) Imn cântat pentru implorarea unui zeu, de obicei Apollo.

PEON (*s.m.*) – Muncitor agricol din America Latină, aflat într-o dependență înrobitoare față de moșieri (din cauza datoriilor). **2.** Picior de vers clasic format din patru silabe, dintre care una lungă.

❋

PEDALĂ (*s.f.*) – Pârghie acționată cu piciorul și folosită pentru antrenarea unui mecanism sau pentru efectuarea unei comenzi.
PETALĂ (*s.f.*) – Fiecare din frunzișoarele care alcătuiesc corola unei flori.

❋

PEDICUL (*s.n.*) – (ANAT.) Parte îngustă sau formație specială care conține artera, vena, nervul etc. unui organ, care servește ca suport sau care leagă un organ, o parte a corpului de restul organismului.
PEDUNCUL (*s.m.*) – Codiță a unei flori sau a unui fruct.

❋

PEDICULAR (*adj.*) – (MED.) Făcând referire la păduchi; cu păduchi.
PEDICULAT (*adj.*) – Care are pedicul.

✳

PELERIN (*s.m.*) – Persoană care face un pelerinaj în locuri sfinte.
PEREGRIN (*s.m.*) – Persoană care călătorește mult (rătăcind din loc în loc).

✳

PELOTĂ (*s.f.*) – **1.** Perniță pentru ace. **2.** Joc cu mingea originar din regiunile bascilor.
PILOTĂ (*s.f.*) – **1.** Un fel de plapumă călduroasă, de forma unei perne mari umflate, umplută cu fulgi sau cu puf. **2.** (REG.) Bagaj, calabalâc.

✳

PENAL (*adj.*) – (făcând referire la dispoziții cu caracter de lege) Care se ocupă de infracțiuni, prevăzând și pedepsele care trebuie aplicate.

PENAR (*s.n.*) – Cutie de mici dimensiuni, confecționată din diversă materiale, în care școlarii își țin creioanele, guma, stiloul etc.

✳

PENIBIL (*adj.*) – Care provoacă o impresie neplăcută, supărătoare; jenant.
PUNIBIL (*adj.*) – (JUR.) Pasibil de pedeapsă.

✳

PENTADĂ (*s.f.*) – (METEOROLOGIE) Perioadă de cinci zile consecutive.
PENTODĂ (*s.f.*) – Tub electronic cu cinci electrozi.

✳

PERCEPTOR (*s.m.*) – (în trecut) Funcționar care se ocupa cu încasarea impozitelor și a taxelor legale.
PRECEPTOR (*s.m.*) – Persoană însărcinată cu educarea și instruirea particulară a unui copil provenit dintr-o familie bogată.

✳

PERFECT (*adj.*) – Care întrunește în gradul cel mai înalt toate calitățile cerute; absolut, deplin, total.

PREFECT (*s.m.*) – **1.** (în Roma antică) Demnitar care conducea o prefectură. **2.** (în România) Persoană care conduce prefectura unui județ.

❈

PERIARTERITĂ (*s.f.*) – Inflamație a tunicii externe a unei artere, care se poate extinde la toate straturile peretelui arterial.

PERIARTRITĂ (*s.f.*) – Inflamație a țesuturilor din jurul unei articulații.

❈

PERICARD (*s.n.*) – Înveliș al inimii, format dintr-o foiță seroasă și una fibroasă.

PERICARP (*s.n.*) – Ansamblul straturilor de țesuturi care alcătuiesc pereții unui fruct.

❈

PERIMAT (*adj.*) – (făcând referire la idei, teorii etc.) Care nu mai este de actualitate; învechit.

PERIMET (*s.n.*) – Frânghie de care sunt prinse cârligele carmacelor de pescuit.

❈

PIANIST (*s.m.*) – Persoană care cântă cu pricepere și cu măiestrie la pian, care are profesiunea de a cânta la pian.

PIARIST (*s.m.*) – Membru al unei congregații clericale catolice, care se dedica învățământului gratuit.

❈

PICANT (*adj.*) – **1.** (făcând referire la mâncăruri) Condimentat. **2.** (*fig.*) (făcând referire la glume, anecdote) Indecent, obscen, piperat. **3.** (*fig.*) (făcând referire la persoane) Nostim, atrăgător, seducător.

PICAT (*adj.*) – **1.** În expresia „Picat din cer (sau din soare)" = Foarte frumos. **2.**

(ÎNV. și POP.) Pătat, murdărit (cu ceva care a picat).

※

PICTURĂ (*s.f.*) – **1.** Ramură a artelor plastice care interpretează realitatea în imagini vizuale, prin forme colorate, bidimensionale, desfășurate pe o suprafață plană.

PITURĂ (*s.f.*) – (MAR.) Vopsea specială, făcută din ulei de in sau din rășini, pentru nave sau ambarcațiuni.

※

PILON (*s.m.*) – **1.** Stâlp puternic care susține o construcție sau o parte a unei construcții. **2.** Element decorativ în formă de stâlp prismatic, așezat la capătul unui pod (de o parte și de alta), la intrarea într-o expoziție etc. **3.** Construcție masivă la monumente sau la temple, de o parte și de alta a intrării. **4.** Suport de metal, de beton armat sau de lemn care servește la susținerea conductelor și izolatoarelor liniilor electrice aeriene, a antenelor electromagnetice etc.

PITON (*s.m.*) – **1.** Instrument metalic în formă de țăruș, țeavă etc, având la capăt un inel prin care se introduce o coardă și care servește la asigurarea alpiniștilor în timpul escaladărilor. **2.** Gen de șerpi mari, neveninoși, care trăiesc în regiunile tropicale.

※

PILOT (*s.m.*) – **1.** Persoană calificată care conduce o aeronavă. **2.** Persoană calificată care manevrează cârma unei nave.

PILOTĂ (*s.f.*) – Un fel de plapumă călduroasă, de forma unei perne mari umflate, umplută cu fulgi sau cu puf.

※

PILORIZĂ (*s.f.*) – (BOT.) Caliptră.

PIROLIZĂ (*s.f.*) – (CHIM.) Procedeu de transformare sau de descompunere chimică a substanțelor organice în condițiile unei temperaturi înalte și de nepătrundere a aerului; Pirogenare.

❋

PIRITĂ (*s.f.*) – Sulfură de fier naturală, de culoare galbenă, cristalizată în sistem cubic, folosită mai ales ca materie primă la fabricarea acidului sulfuric.

FERITĂ (*s.f.*) – Compus al unor metale bivalente cu oxizi de fier, având proprietăți magnetice superioare și conductibilitate electrică redusă.

❋

PIROMAN (*s.m.*) – Persoană care suferă de piromanie.

PIROMANT (*s.m.*) – Persoană care practică piromanția.

❋

PIROMANIE (*s.f.*) – Tulburare psihică în care bolnavul simte impulsul nestăpânit de a da foc.

PIROMANȚIE (*s.f.*) – Încercare de a ghici viitorul prin observarea focului sau a flăcărilor, practicată în Grecia antică.

❋

PIRUETĂ (*s.f.*) – Figură de dans constând din învârtirea completă a unui dansator, executată pe un singur picior; rotire (rapidă) pe vârful picioarelor, pe călcâie etc.

GIRUETĂ (*s.f.*) – Instrument meteorologic cu care se determină direcția și intensitatea vântului.

❋

PLACĂ (*s.f.*) – Bucată de material cu fețe plane și cu o grosime uniformă și mult mai mică decât celelalte două dimensiuni.

PLAGĂ (*s.f.*) – Leziune a țesuturilor provocată accidental sau pe cale ope- ratorie; rană.

✻

PLACID (*adj.*) – Calm, potolit, blajin.
FLACID (*adj.*) – (rar) Flasc.

✻

PLANCTON (*s.n.*) – Totalitatea organismelor animale și vegetale, în general microscopice, care trăiesc în apă până la o adâncime de 200 de metri și care constituie hrana peștilor și a altor animale acvatice.
PLANTON (*s.n.*) – Serviciu de pază în interiorul cazărmilor sau al clădirilor militare, executat de ostași neînarmați.

✻

PLANȘĂ (*s.f.*) – Foaie de hârtie mai groasă pe care se reproduc desene, fotografii, picturi etc.
FLANȘĂ (*s.f.*) – Bordură la capătul unei piese care constituie organul de legătură cu o altă piesă.

✻

PLATITUDINE (*s.f.*) – **1.** Faptul de a fi plat. **2.** Banalitate, mediocritate.
LATITUDINE (*s.f.*) – Distanța unghiulară a unui punct de pe glob față de ecuator, măsurată pe meridianul care trece prin acel punct și exprimată în grade, minute și secunde.

✻

PLĂNUI (*vb.*) – A face planuri.
PLENUI (*vb.*) – (ÎNV. și POP.) A jefui, a prăda.

✻

PLAVĂ (*s.f.*) – Rețea de pescuit simplă, cu ochiuri mari, din ață subțire, folosită pe Dunăre, la pescuitul scrumbiilor.
PLEAVĂ (*s.f.*) – **1.** Rămășițe de spice sau de păstăi rezultate din treieratul cerealelor sau al legumi-

noaselor. **2.** (*fig.*) Om de nimic; lepădătură.

※

PLEONASM (*s.n.*) – Greșeală de exprimare constând în folosirea alăturată a unor cuvinte, construcții, propoziții etc. care au același sens.

PLEONAST (*s.n.*) – Mineral de culoare neagră, care se prezintă sub formă de mase granulare sau ca cristale cu multe fețe, cu un bogat conținut în fier.

※

PLINTĂ (*s.n.*) – **1.** Piesă de lemn, de piatră, de mozaic etc. care se aplică la partea de jos a pereților unei încăperi pentru a-i apăra împotriva loviturilor și a umezelii sau pentru a acoperi rostul dintre pardoseală și pereți. **2.** Partea de jos a unei clădiri, a unei sobe, a unui zid, ieșită mai în afară și formând un mic soclu.

PLITĂ (*s.f.*) – Placă de fontă, cu ochiuri acoperite cu rotițe, care constituie partea de deasupra a unei mașini de gătit; mașină de gătit.

※

PLUS (*adv./adj./s.*) – **1.** Element de compunere care înseamnă „mai mult", „în plus" și care servește la formarea unor substantive. **2.** Ceea ce depășește o cantitate dată. **3.** (MAT.) Semn grafic în formă de cruce, care indică operația de adunare (a mărimilor între care se găsește) sau caracterizează numerele sau mărimile pozitive (dacă se găsește înaintea acestora). **4.** Semn grafic identic cu cel din matematică, indicând sarcinile electrice pozitive. **5.** (*adv.*) Mai mult, și încă. **6.** (*s.n.*) Ceea ce depășește o cantitate dată; prisos. **7.** (loc. *adj.*) „În plus" = peste ceea ce este obișnuit; pe lângă aceasta, pe deasupra. **8.** „Plus infinit" = simbol matematic care arată creșterea nelimitată a numerelor pozitive. **9.** Semn grafic în formă de cruce, care, pus pe lângă o notă dată școlarilor, îi mărește valoarea. **10.** Semn grafic identic cu cel din matematică, indicând sarcinile electrice pozitive.

PULS (*s.n.*) – Mișcare fiziologică ritmică de dilatare și de contractare a pereților arterelor, determinată de creșterea volumului de sânge pompat de inimă.

※

PODAN (*s.m.*) – Persoană care era supusă la bir.

PODAR (*s.m.*) – **1.** Persoană care conduce un pod umblător. **2.** Persoană care lucrează la un pod.

※

POLC (*s.m.*) – Unitate militară în Țările Române, la sfârșitul Evului Mediu, corespunzătoare regimentului.

POLCĂ (*s.f.*) – **1.** (reg.) Haină femeiască de stofă (căptușită sau îmblănită), de diferite lungimi, croită pe talie, care se poartă la țară. **2.** Numele unui dans popular originar din Boemia, în ritm viu, sprinten, care, în a doua jumătate a secolului al XIX-a, a devenit unul dintre cele mai cunoscute dansuri de bal; melodie după care se execută acest dans.

※

POLEMIZA (*vb.*) – A susține, a face o polemică; a discuta în contradictoriu.

POLENIZA (*vb.*) – A transporta polenul de pe antenele staminelor pe stigmatul pistilului (pentru a produce fecundația).

※

PONCIF (*s.n.*) – (LIVR.) Idee, afirmație banală; loc comun.

PONCIȘ (*adj.*) – (REG.) **1.** (făcând referire la ochi) Încrucișat, sașiu. **2.** (făcând referire la terenuri) Foarte înclinat, abrupt, pieziș.

❈

PONCIF (*s.n.*) – (LIVR.) Idee, afirmație banală; loc comun.

PONTIF (*s.m.*) – **1.** În Roma antică, preot din colegiul sacerdotal suprem, însărcinat cu supravegherea cultului religios și a celorlalți preoți. **2.** șeful suprem al Bisericii catolice; papă. **3.** (*fig.* adesea IR.) Persoană care are pretenția sau este considerată a fi o autoritate indiscutabilă într-un anumit domeniu.

❈

PONDERAL (*adj.*) – (rar) Privitor la greutate.

PONDERAT (*adj.*) – (făcând referire la oameni și manifestările lor) Cumpătat, moderat, echilibrat.

❈

PONTOU (*s.m.*) – Ac de reglare al unui carburator, care servește la deschiderea și închiderea accesului combustibilului în carburator.

PONTON (*s.m.*) – **1.** Ambarcație, de obicei fixă, care susține o instalație unde acostează navele. **2.** Pod plutitor improvizat a cărui platformă este susținută de bărci sau de alte vase legate între ele; fiecare dintre ambarcațiile care susțin platforma unui astfel de pod. **3.** Vas fără motor și fără punte, care se remorchează la un vas cu motor și cu care se transportă mărfurile dintr-un port sau se ancorează bastimentele mai mari.

❈

POPAS (*s.n.*) – **1.** Oprire pentru odihnă în timpul unui drum mai lung. **2.** Loc în care se oprește cineva pentru a poposi.

POPAZ (*s.m.*) – Plantă mare, tropicală, din familia liliaceelor.

✻

POPULAR (*adj.*) – **1.** Care aparține poporului; privitor la popor. **2.** Creat de popor; specific culturii unui popor. **3.** Care este făcut de popor. **4.** Care este iubit de popor. **5.** Care are o comportare prietenoasă, atentă față de toată lumea.

POPULAT (*adj.*) – Care este locuit; cu populație (deasă).

✻

PORTABIL (*adj.*) – Care se poate transporta; care poate fi purtat cu sine.

POTABIL (*adj.*) – Care îndeplinește toate calitățile necesare pentru a putea fi băut; bun de băut.

✻

PORTAL (*s.n.*) – **1.** Intrare principală monumentală într-un edificiu, de obicei încadrată cu un chenar de piatră, de zid sau de lemn și bogat împodobită. **2.** Deschidere din piatră sau din metal la intrarea unor poduri mari de cale ferată. **3.** (*s.f.*) Intrare în lumile paralele.

PORTAR (*s.m.*) – **1.** Persoană însărcinată cu paza intrării unei instituții, locuințe etc. **2.** Sportiv într-o echipă care apără spațiul porții proprii, spre a evita primirea de goluri.

✻

PORTAMENT (*s.n.*) – (MUZ.) Alunecare lină de la un sunet la altul, atingându-se aproape neobservat sunetele intermediare.

POSTAMENT (*s.n.*) – Placă din piatră, din metal sau din lemn, care servește ca bază de susținere sau de fixare a unei mașini, a unui aparat, a unei statui etc; soclu, piedestal.

✵

PORTER (*s.m.*) – Bere englezească de culoare neagră, tare și amară.

PORTOR (*s.m.*) – (MAR.) Șaland autopropulsat care transportă materialul dragat.

✵

PORȚIUNE (*s.f.*) – **1.** Porție, cantitate determinată dintr-un material, dintr-o substanță. **2.** Parte dintr-un tot; bucată, fragment.

POȚIUNE (*s.f.*) – Nume generic dat medicamentelor lichide care se iau, în doze mici, pe cale bucală.

✵

POSTERIORITATE (*s.f.*) – Calitatea de a fi posterior, situația a ceea ce este posterior.

POSTERITATE (*s.f.*) – Succesiune de generații viitoare; urmași.

✵

POSTULANT (*s.m.*) – (rar) Persoană care cere o slujbă.

POSTULAT (*s.n.*) – Adevăr fundamental care apare ca evident și care nu are nevoie să fie demonstrat; enunț logic considerat primul într-un sistem deductiv.

✵

POTENTAT (*adj.*) – Amplificat, intensificat, întărit.

POTENTAT (*s.*) – Suveran sau șef de stat atotputernic care își exercită puterea despotic și arbitrar; om puternic, influent (datorită poziției sale sociale sau politice).

✵

POTLOG (*s.m.*) – Bucată de piele cu care se cârpește încălțămintea; petic.

POTNOG (*s.m.*) – Fiecare dintre pedalele de la războiul de țesut, pe care se apasă cu picioarele pentru a schimba ițele; sfoara cu care se leagă aceste pedale.

✵

PRAXIS (*s.n.*) – (ÎNV.) **1.** Pricepere dobândită printr-o practică îndelungată; rutină. **2.** Act, document. **3.** Obicei, datină.

PRAXIU (*s.n.*) – Carte bisericească în care sunt redate faptele și scrisorile apostolilor; apostol.

❋

PRECEDA (*vb.*) – A exista, a se produce înainte de altceva în timp; a se găsi înainte de altceva sau de alt-cineva în spațiu, într-o ierarhie etc.

PROCEDA (*vb.*) – **1.** A acționa într-un anumit fel, a folosi anumite mijloace în realizarea unei acțiuni. **2.** A începe să..., a trece la...

❋

PRECESIUNE (*s.f.*) – (FIZ.) Deplasare lentă a axei de rotație a unui corp care se rotește rapid și are doar un punct fix.

PROCESIUNE (*s.f.*) – **1.** Șir lung de oameni care merg într-o anumită ordine în aceeași direcție și cu același scop; cortegiu, convoi. **2.** Ceremonie religioasă în timpul căreia credincioșii merg în convoi, purtând diverse obiecte de cult, cântând imnuri religioase sau rostind rugăciuni, pentru a mulțumi sau a cere ajutorul divinității.

❋

PREEMINENȚĂ (*s.f.*) – (LIVR.) Superioritate a cuiva sau a ceva.

PROEMINENȚĂ (*s.f.*) – Faptul de a fi proeminent; ridicătură, ieșitură.

❋

PREJUDICIAL (*adj.*) – (rar) Care precedă o judecată.

PREJUDICIAT (*adj.*) – Vătămat, păgubit.

❋

PRELAT (*s.m.*) – Înalt demnitar bisericesc.

PRELATĂ (*s.f.*) – Bucată de pânză deasă, impermeabilă, cu care se acoperă un autovehicul, platforma unui autocamion etc.

❋

PREMEDICAȚIE (*s.f.*) – (MED.) Administrare de medicamente înaintea unei intervenții chirurgicale, în vederea calmării bolnavului.

PREMEDITAȚIE (*s.f.*) – (ÎNV.) Premeditare.

❋

PREMONIȚIE (*s.f.*) – Nume dat fenomenului de presimțire a unor fapte viitoare, fără a exista, în general, o motivare rațională.

PREMUNIȚIE (*s.f.*) – (MED.) Imunitate la altă infecție a unui organism deja infectat.

❋

PRENUME (*s.n.*) – Nume care se dă unui om la naștere și care distinge pe fiecare dintre membrii aceleiași familii; nume de botez.

PRONUME (*s.n.*) – (GRAM.) Parte de vorbire flexibilă care ține locul unui substantiv.

❋

PRESCRIERE (*s.f.*) – Acțiunea de a (se) prescrie și rezultatul ei.

PROSCRIERE (s.) – Acțiunea de a proscrie și rezultatul ei.

❋

PRESCRIPȚIE (*s.f.*) – **1.** Obligație, dispoziție (impusă printr-o lege sau regulament); instrucțiuni scrise cuprinzând condițiile tehnice care trebuie respectate la proiectarea, verificarea sau executarea unui sistem tehnic. **2.** Instrucțiuni de folosire a unui medicament. **3.** (JUR.) Dispoziție legală în temeiul căreia, după un anumit timp, în anumite condiții, se pierde sau se câștigă un drept.

PROSCRIPȚIE (*s.f.*) – **1.** (în Roma antică) Punere în afara legii sau condamnare la moarte a cuiva, fără judecată, pentru infracțiuni politice. **2.** Pedeapsă la care autoritatea publică supunea pe cineva, pentru o vină politică.

❋

PRESCRIS (*adj.*) – **1.** (făcând referire la pedepse penale, drepturi de proprietate etc.) Care și-a pierdut valabilitatea prin prescripție. **2.** Care a fost indicat într-un tratament medical.

PROSCRIS (*adj.*) – **1.** Scos de sub apărarea legilor, izgonit din patrie. **2.** (făcând referire la idei, acțiuni) Interzis.

❋

PRESTA (*vb.*) – A îndeplini o muncă, a desfășura o activitate.

PRETA (*vb.*) – A consimți să facă ceva incorect sau care este sub demnitatea sa.

❋

PRESURĂ (*s.f.*) – Gen de păsări cântătoare, migratoare, de mărimea unei vrăbii, cu ciocul scurt și gros, cu coada lungă și bifurcată, cu spatele brun și dungat (*Emberiza*); pasăre care face parte din acest gen.

PRESCURĂ (*s.f.*) – Pâinișoară rotundă sau în formă de cruce, făcută din aluat dospit, din care se pregătește cuminecătura și se taie anafura la biserică.

❋

PREVENI (*vb.*) – **1.** A atrage cuiva atenția asupra consecințelor unor acțiuni; a avertiza. **2.** A preîntâmpina.

PROVENI (*vb.*) – A se trage, a lua naștere, a rezulta din ceva sau de undeva.

❋

PREVENIRE (*s.f.*) – Acțiunea de a preveni.

PROVENIRE (*s.f.*) – Proveniență.

❋

PREVERB (*s.n.*) – (LINGV.) Prefix care se atașează la verbe.

PROVERB (*s.n.*) – învățătură morală populară născută din experiență, exprimată printr-o formulă eliptică sugestivă, de regulă metaforică, ritmică sau rimată; zicală, zicătoare.

❋

PRICEPE (*vb.*) – **1.** A înțelege, a pătrunde ceva cu mintea. **2.** A avea cunoștințe într-un domeniu; a avea iscusință.

PERCEPE (*vb.*) – A sesiza ceva cu ajutorul simțurilor și al gândirii, prin reflectare nemijlocită.

❋

PRINCIPAL (*adj.*) – Care are o importanță deosebită sau care are cea mai mare importanță.

PRINCIPIAL (*adj.*) – Care este conform unui principiu, care decurge dintr-un principiu.

❋

PRINOS (*s.n.*) – **1.** (în antichitate) Dar oferit divinității. **2.** (*fig.*) Omagiu adus cuiva în semn de prețuire, de devotament.

PRISOS (*s.n.*) – Ceea ce depășește necesarul, ceea ce întrece o anumită limită.

❋

PROBLEMĂ (*s.f.*) – **1.** Chestiune care prezintă aspecte neclare, care necesită o lămurire, o precizare, care se pretează la discuții; (MAT.) chestiune în care, fiind date anumite ipoteze, se cere rezolvarea, prin calcule sau raționamente, a unor date. **2.** Greutate, impas.

PROLEMĂ (*s.f.*) – Propoziție sau serie de propoziții care servesc ca bază a unei leme.

※

PROFERA (*vb.*) – (LIVR.) A rosti, a pronunța (cu voce ridicată) blesteme, amenințări etc.

PREFERA (*vb.*) – A da întâietate sau precădere unui lucru unei situații sau unei ființe, în raport cu altceva sau altcineva; a considera ceva sau pe cineva mai bun, mai valoros, mai important etc., în raport cu altceva sau cu altcineva; a aprecia mai mult ceva sau pe cineva. (loc. *adv.*) „De preferat" = preferabil.

※

PROFIL (*s.n.*) – **1.** Contur, aspect al feței cuiva, privit dintr-o parte. **2.** Înfățișare, aspect, forma.

PROFIR (*adj.*) – (mai ales făcând referire la vin) De culoare roșu-deschis, trandafirie.

※

PROPUNE (*vb.*) – **1.** A supune o părere, o soluție, un proiect etc. discuției și aprobării cuiva. **2.** A da o su- gestie, un sfat, a recomanda; a îndemna la ceva. **3.** A recomanda, a indica pe cineva pentru un post, într-un grad, într-o misiune etc. **4.** A-și manifesta intenția să înfăptuiască ceva; a (se) hotărî. **5.** (ÎNV.) A preda o materie într-o instituție de învățământ.

PREPUNE (*vb.*) – **1.** (POP.) A bănui pe cineva sau ceva, a suspecta; a presupune ceva. **2.** A prevesti. **3.** (rar) A însărcina pe cineva cu o funcție; a propune într-o funcție.

※

PROSCRIE (*vb.*) – **1.** (în Roma antică) A condamna la moarte (pentru infracțiuni politice), fără îndeplinirea formalităților judiciare, publicând pe o listă numele celui osândit. **2.** A lua măsuri represive împotriva cuiva, în special pentru motive politice; a îndepărta în mod forțat o persoană din patrie.

PRESCRIE (*vb.*) – **1.** A indica, a arăta; a recomanda tratamentul sau medicamentul de care are nevoie un bolnav. **2.** A stabili cu precizie ceea ce trebuie făcut. **3.** (făcând referire la pedepse penale, drepturi de proprietate etc.) A se stinge, a înceta prin prescripție.

❋

PROTAZĂ (*s.f.*) – **1.** Partea întâi a unei perioade convenționale, care cuprinde grupa propozițiilor secundare și care îndreaptă atenția cititorului asupra consecințelor care se enunță în apodoză. **2.** Partea de la început a unei drame antice, care cuprindea expunerea subiectului.

PROTEZĂ (*s.f.*) – Aparat sau piesă medicală care înlocuiește un organ, un membru, o parte dintr-un membru sau un conduct natural al corpului omenesc ori pe care se fixează o dantură falsă.

❋

PUDLAT (*adj.*) – (făcând referire la oțel) Care a fost supus operației de pudlaj.

PUDRAT (*adj.*) – Dat, acoperit cu pudră.

❋

PUDOARE (*s.f.*) – Sentiment de sfială, de jenă, de decență, manifestat în comportarea cuiva.

PUTOARE (*s.f.*) – Miros urât, greu, neplăcut; epitet injurios dat unui om leneș, murdar sau imoral.

QUASAG (*s.m.*) – (ASTRON.) Obiect cosmic cu dimensiuni unghiulare reduse, dar cu strălucire foarte puternică.

QUASAR (*s.m.*) – (ASTRON.) Obiect cosmic, cu strălucire de zeci sau sute de ori mai puternică decât a celor mai mari galaxii, care emite intens radiounde.

RABATA (*vb.*) – **1.** (MAT.) A roti o figură plană în jurul unei drepte situate în planul figurii. **2.** A lăsa în jos; a îndoi.

RABOTA (*vb.*) – A prelucra prin așchiere suprafața unei piese de metal, cu ajutorul rabotezei.

❄

RACILĂ (*s.f.*) – **1.** (LIVR.) Boală veche, incurabilă; beteșug. **2.** (*fig.*) Cusur, meteahnă, defect. **3.** (POP.) Unealtă de diferite forme, utilizată la prinderea racilor.

RAGILĂ (*s.f.*) – **1.** Instrument format dintr-o scândură în care sunt înfipți dinți de fier și prin care se trage cânepa sau inul melițat, ca să se aleagă partea cea mai fină. **2.** Zgardă cu țepi de fier, care se pune la gâtul câinilor ciobănești, pentru a-i apăra de mușcăturile lupilor.

❄

RACORD (*s.n.*) – Legătură, contact între două părți ale unei lucrări sau între două elemente ale unui întreg.

RECORD (*s.n.*) – Rezultat obținut oficial într-o competiție sportivă, a cărui valoare reprezintă cea mai bună performanță, omologată de autoritatea competentă.

❄

RAD (*s.m.*) – (FIZ.) Unitate de măsură egală cu doza radiației care cedează o energie de 100 de ergi unui gram din substanța în care este absorbită.

RADĂ (*s.f.*) – **1.** Zonă de apă din vecinătatea unei coaste, cu sistem de apărare naturală sau artificială, servind la adăpostirea navelor într-un port împotriva vânturilor, a valurilor și a curenților. **2.** (la unele popoare slave) Denumire dată organului central al puterii.

※

RADIAL (*adj.*) – Care pleacă dintr-un centru, ca razele unui cerc sau ale unei sfere.
RADIAN (*s.m.*) – Unitate de măsură pentru unghiuri.

※

RADIAȚIE (*s.f.*) – Emisie de unde sonore, electromagnetice etc. sau de particule care se propagă sub formă de raze în toate direcțiile.
RADICAȚIE (*s.f.*) – Dispoziție a rădăcinilor unei plante.

※

RADIER (*s.n.*) – Tip de fundație alcătuit dintr-un planșeu de beton armat care se întinde de regulă sub întreaga construcție pe care o susține.

RADIERĂ (*s.f.*) – Gumă de șters.

※

RADIU (*s.n.*) – Element radioactiv care se găsește în minereurile de uraniu, folosit în medicină și în fizica nucleară.
REDIU (*s.n.*) – (REG.) Pădure mică și tânără.

※

RADOM (*s.n.*) – Dispozitiv pentru protejarea antenelor de unde scurte contra agenților atmosferici.
RADON (*s.n.*) – Element chimic gazos cu proprietăți radioactive, format prin dezintegrarea radiului.

※

RAPORT (*s.n.*) – **1.** Legătură între două sau mai multe persoane, obiecte etc, pe care o poate stabili gândirea omenească. **2.** Comunicare scrisă sau orală făcută de cineva, cuprinzând o relatare asupra unei activități personale sau colective.

REPORT (*s.n.*) – Trecerea unei sume, reprezentând un total parțial, din josul unei coloane, în fruntea coloanei următoare, pentru a fi adunată în continuare.

❋

RAPORTA (*vb.*) – A stabili un raport între două sau mai multe noțiuni.

REPORTA (*vb.*) – A face un report.

❋

RARIȚA (*s.f.*) – Unealtă agricolă asemănătoare cu plugul, care răstoarnă brazda în ambele părți, formând șanțuri.

RAPIȚA (*s.f.*) – Numele a două plante din familia cruciferelor, cu flori galbene, cultivate pentru semințele lor bogate în ulei.

❋

RASĂ (*s.f.*) – **1.** Grup de indivizi aparținând aceleiași specii de microorganisme, plante, animale cu caracteristici comune, constante, conservate ereditar, care se deosebesc de alte varietăți din aceeași specie prin anumite însușiri specifice. **2.** Fiecare dintre grupurile biologice de populație, caracterizate prin culoarea pielii, a părului și a altor particularități exterioare. **3.** Haină de postav, largă și lungă până la călcâie pe care o poartă preoții, călugării și călugărițele pe deasupra îmbrăcămintei.

RAZĂ (*s.f.*) – **1.** Linie dreaptă după care se propagă lumina; traiectorie luminoasă. **2.** (*fig.*) Licărire, pâlpâire.

❋

RASTEL (*s.m.*) – **1.** Suport compartimentat, făcut din bare de lemn sau de metal, pentru păstrarea armelor, a schiurilor, a bicicletelor etc. **2.** Subansamblul al unor mașini de filat și al mașinilor de răsucit firele textile având rolul de a susține materialul cu care sunt alimentate aceste mașini.

RASTER (*s.m.*) – **1.** Placă de sticlă pătrată sau rotundă, liniată special, folosită în tipografie; sită fotografică. **2.** Instrument pentru liniat portative, putând trage deodată cinci linii paralele.

※

RAZIE (*s.f.*) – Control inopinat făcut de organele de poliție, pe o anumită rază teritorială, în vederea descoperirii unor infractori, a unor contravenienți etc.

RAȚIE (*s.f.*) – Cantitate de hrană pe care trebuie să o consume un om sau un animal într-un timp determinat și care conține toate substanțele necesare desfășurării funcțiilor vitale ale organismului.

※

REACȚIONAL (*adj.*) – Care ține de reacție, făcând referire la o reacție.

REACȚIONAR (*adj.*) – Care aparține sau care este specific reacțiunii politice, care se referă la reacțiune.

※

RECENT (*adj.*) – Care s-a petrecut, s-a întâmplat, s-a ivit de curând; care datează de puțină vreme; nou, proaspăt.

REGENT (*s.m.*) – Persoană care guvernează provizoriu o monarhie, ținând locul monarhului în timpul unei regențe.

※

RECT (*s.m.*) – Ultima parte a tubului digestiv, care se întinde de la colon până la orificiul anal.

RECTO (*s.m.* INVAR.) – **1.** (în opoziție cu verso) Prima pagină a unei foi (scrise, tipărite etc.). **2.** Pagina din dreapta a unei cărți, a unui manuscris etc.

❋

RECUZA (*vb.*) – A nu recunoaște competența sau autoritatea unui judecător, a unui martor etc.
REFUZA (*vb.*) – A respinge (ceva sau pe cineva), a nu accepta, a nu primi ceva ce ți se oferă.

❋

RECUZARE (*s.f.*) – Acțiunea de a recuza și rezultatul ei.
REFUZARE (*s.f.*) – Acțiunea de a refuza și rezultatul ei.

❋

REFLECȚIE (*s.f.*) – Meditare, cugetare, gândire.
REFLEXIE (*s.f.*) – Fenomen de reîntoarcere parțială a luminii, a sunetului, a radiațiilor în mediul din care au venit, atunci când întâlnesc o suprafață de separare a două medii.

❋

REFLEX (*adj.*/s.) – **1.** (*adj.*) (FIZIOL.) (făcând referire la acte sau mișcări ale organismului) Produs în mod spontan, independent de voință. **2.** (*s.m.*) Rază reflectată; sclipire, strălucire.
REFLUX (*s.n.*) – Fază de coborâre a nivelului mărilor și oceanelor în cadrul fenomenului de maree.

❋

REFRACTA (*vb.*) – (FIZ.) (făcând referire la unele raze de lumină) A se frânge, a devia la trecerea dintr-un mediu în altul.
RETRACTA (*vb.*) – A reveni asupra celor afirmate înainte, a retrage cele spuse; a se lepăda de o faptă, de o atitudine din trecut.

❋

REFRACȚIE (*s.f.*) – (FIZ.) Fenomen de abatere a direcției de propagare a unei unde, a unei radiații sau a unui corpuscul, când acestea întâlnesc suprafața de separație a două medii diferite.

RETRACȚIE (*s.f.*) – Însușire a unui țesut sau a unui organ de a se contracta, de a-și reduce dimensiunile din cauza unei excitații, a unei boli.

✻

REGIZOR (*s.m.*) – Specialist calificat care se ocupă cu regia filmelor, a spectacolelor etc.

REVIZOR (*s.m.*) – Persoană care revizuiește, care controlează, verifică aplicarea dispozițiilor legale și normative într-un domeniu de activitate.

✻

REGENTĂ (*adj.*) – (făcând referire la propoziții) Căreia îi este subordonată altă propoziție.

REGENȚĂ (*s.f.*) – Guvernare provizorie, exercitată de una sau de mai multe persoane în timpul minoratului, absenței sau bolii unui monarh; perioadă cât durează această guvernare.

✻

REGRES (*s.n.*) – Întoarcere de la o stare sau formă superioară de dezvoltare la una inferioară; decădere, declin.

REGRET (s.) – Părere de rău generată de pierderea unei ființe sau a unui lucru, de o nereușită sau de săvârșirea unei fapte nesăbuite.

✻

REJECȚIE (*s.f.*) – **1.** Dare înapoi; respingere; readucere a conținutului ruminal în cavitatea bucală, de către animal, pentru a fi rumegat. **2.** (MED.) Proces imunologic de respingere a unei grefe, a unui transplant.

REZECȚIE (*s.f.*) – Operație chirurgicală prin care se taie și se înlătură, în parte sau în întregime, un organ sau un țesut.

❋

RELAȘ (*s.m.*) – Suspendare temporară a reprezentațiilor unui teatru, ale unei opere etc.; zi sau interval de timp în care nu se dau reprezentații.

RELAX (*s.m.*) – (ENGLEZISM) Stare de relaxare; relaxare.

❋

RELEVA (*vb.*) – A pune în lumină, a scoate în evidență.

REVELA (*vb.*) – A (se) face cunoscut, știut; a (se) dezvălui.

❋

REM (*s.m.*) – (FIZ.) Unitate de măsură a dozelor de radiație raportate la efectul lor biologic.

REN (*s.m.*) – Mamifer rumegător asemănător cu cerbul, care trăiește în regiunile arctice.

❋

RENAL (*adj.*) – Care ține de rinichi, privitor la rinichi.

RENAN (*adj.*) – Care ține de fluviul Rin sau de regiunea străbătută de acesta.

❋

RENIE (*s.f.*) – Porțiune joasă și convexă din meandrul unui râu, acoperită de nisipuri și de prundiș, reprezentând zona de acumulare a aluviunilor.

RENIU (*s.n.*) – Element chimic asemănător cu platina, existent în natură în cantități foarte mici.

❋

REPULSIE (*s.f.*) – Aversiune instinctivă; oroare, dezgust.

REVULSIE (*s.f.*) – Metodă de tratament care constă în aplicarea pe piele a unor substanțe care provoacă deplasarea spre piele a sângelui stagnat într-un organ sau într-o regiune inflamată a corpului.

❋

REPULSIV (*adj.*) – (rar) Care inspiră repulsie.

REVULSIV (*s.n.*) – Medicament care provoacă revulsie.

❋

RETICULINĂ (*s.f.*) – Sub stanță organică albuminoidă care conține fosfor și care se găsește în organele bogate în țesut reticular.

RETICULITĂ (*s.f.*) – (MED.) Inflamație a țesutului reticular.

❋

RETOR (*s.m.*) – **1.** În antichitatea greco-romană, maestru, profesor de retorică. **2.** Orator.

RECTOR (*s.m.*) – **1.** Persoană care conduce din punct de vedere științific și administrativ o instituție de învățământ superior; grad deținut de această persoană. **2.** În unele țări din Apus, persoană care conduce o școală medie; grad deținut de această persoană.

❋

RETROVERSIE (*s.f.*) – (MED.) Înclinare a uterului posterior către sacru.

RETROVERSIUNE (*s.f.*) – Traducere din nou a unui text în limba din care a fost tradus; traducere a unui text din limba natală într-o limbă străină.

❋

REVER (*s.n.*) – **1.** Parte răsfrântă a unei haine, în prelungirea gulerului, de o parte și de alta a pieptului. **2.** (SPORT) Lovitură în care racheta sau paleta de tenis sunt mânuite cu exteriorul palmei în față.

REVERS (*s.n.*) – Dosul unei medalii, al unei monede, al unei foi scrise etc.

❋

REVOLUT (*adj.*) – **1.** Care și-a încheiat cursul; terminat, îndeplinit. **2.** (botr) (făcând referire la unele părți ale plantelor) Răsfrânt, întors în afară.

REZOLUT (*adj.*) – (LIVR.) Hotărât, ferm, decis.

❈

REVOLUTIV (*adj.*) – Care se referă la mișcarea unui astru.

REZOLUTIV (*adj.*) – (făcând referire la medicamente) Care are proprietatea de a micșora o inflamație, care reduce la starea normală o regiune inflamată a corpului.

❈

REVOLUȚIE (*s.f.*) – **1.** Ansamblul transformărilor calitative profunde care cuprind fie un sistem în întregime, fie unul sau mai multe subsisteme ale acestuia. **2.** Schimbare bruscă și de obicei violentă a structurilor sociale, economice și politice ale unui regim dat; (POP.) răscoală, revoltă. **3.** Mișcare periodică continuă a unui corp având ca traiectorie o curbă închisă.

REZOLUȚIE (*s.f.*) – **1.** Hotărâre luată de un colectiv în urma unor dezbateri. **2.** Rezolvare pe care cel în drept o dă unei cereri, unui act. **3.** (MED.) Dispariție a semnelor de boală sau a unui proces patologic.

❈

RID (*s.n.*) – Încrețitură a pielii obrazului; zbârcitură.

RIT (*s.n.*) – **1.** Ritual. **2.** Confesiune religioasă.

❈

RIMA (*vb.*) – **1.** (făcând referire la cuvinte) A avea aceleași sunete în silabele finale. **2.** (*fig.*) (făcând referire la oameni idei etc.) A se potrivi, a se afla în consens.

RITMA (*vb.*) – A pune accentul pe silabele unui vers.

❈

RIMĂ (*s.f.*) – Repetare a sunetelor finale în două sau în mai multe versuri.

RINĂ (*s.f.*) – Jgheab prin care metalele și aliajele topite se scurg din cuptoare în oalele de turnare sau de transport.

※

RIGĂ (*s.m.*) – **1.** (ÎNV.) Rege. **2.** Carte de joc cu figura regelui.

RIGLĂ (*s.f.*) – Piesă plată, lungă și dreaptă, confecționată din diverse materiale, de obicei gradată, folosită pentru a trasa linii drepte, pentru a verifica suprafețe plane etc.

※

RIȚ (*s.m.*) – Crestătură liniară făcută pe o foaie de carton sau de mucava pentru a putea fi îndoită mai ușor fără să plesnească.

RIZ (*s.m.*) – **1.** Fisură foarte fină care se produce la suprafața unei piese metalice din cauza tensiunilor interne. **2.** Zgârietură făcută de un vârf ascuțit pe o piesă pentru a o însemna într-un anumit fel. **3.** șanț în talpa încălțămintei prin care se face cusătura.

※

ROABĂ (*s.f.*) – Vehicul pentru transportul materialelor pe distanțe mici, alcătuit dintr-o ladă sau o platformă cu o roată și cu două brațe, de care împinge omul. **2.** Sclavă.

ROBĂ (*s.f.*) – Haină de ceremonie, lungă, cu mâneci lungi, pe care o poartă magistrații și avocații in ședințe, precum și profesorii universitari – la anumite solemnități.

※

ROC (*s.n.*) – (REG.) Palton scurt care se poartă mai ales la țară.

ROCĂ (*s.f.*) – Agregat mineral natural, de compoziție aproape uniformă, care alcătuiește scoarța pământului.

※

ROMÂNESC (*adj.*) – Care aparține României sau populației ei; privitor la România sau la populația ei.

ROMANESC (*adj.*) – (LIVR.) Care are caracter de roman; care este propriu romanului.

❋

RONDEL (*s.n.*) – Specie a poeziei lirice cu formă fixă, având 13 sau 14 versuri repartizate în trei strofe, în care primul vers este identic cu al șaptelea și al treisprezecelea, iar al doilea cu al patrulea și cu ultimul vers.

RONDELĂ (*s.f.*) – Piesă de metal, de lemn etc, în formă de placă plată circulară, perforată sau neperforată, având uneori fețele profilate, cu întrebuințări diverse.

❋

ROTAR (*s.m.*) – Meseriaș care lucrează roți, căruțe, care etc.

ROTAȘ (*adj.*/s.) – **1.** (*adj.*) (făcând referire la cai) înhămat lângă roata și oiștea carului sau a căruței (în spatele cailor înaintași). **2.** (*s.m.*) Vizitiu care conduce caii înhămați în felul descris anterior.

❋

RUT (*s.n.*) – Stare fiziologică la animale, corespunzătoare perioadei de activitate sexuală, de durată și periodicitate variabile, în timpul căreia se petrec unele transformări ale aparatului genital.

RUTĂ (*s.f.*) – Drum urmat de un vehicul.

❋

RUTINAR (*adj.*/s.m.) – Persoană care lucrează numai prin rutină.

RUTINIER (*adj.*) – șablonizat.

SABIN (*s.m.*) – Persoană care făcea parte din populația latină ce locuia în centrul Italiei antice sau care era originară de acolo.

SABINĂ (*s.m.*) – (BOT.) Varietate de ienupăr din Europa meridională, ale cărei frunze au proprietăți medicinale.

❋

SABLOZĂ (*s.f.*) – (MED. vet.) Enteropatie la animale determinată de ingestia de nisip odată cu furajele.

SABLEZĂ (*s.f.*) – Aparat pentru curățarea sau netezirea diferitelor obiecte și piese metalice cu ajutorul unui jet de nisip.

❋

SACRIFICA (*vb.*) – A renunța la ceva sau la cineva pe baza unor considerente care cerca altceva sau altcineva să aibă întâietate; a se devota cuiva sau pentru ceva până la jertfirea de sine.

SCARIFICA (*vb.*) – A afâna pământul cu ajutorul scarificatorului.

❋

SACRU (*adj.*) – **1.** Cu caracter religios; privitor la religie. **2.** (*fig.*) Care inspiră sentimente de venerație.

SACRUM (*s.n.*) – Os triunghiular așezat în partea inferioară a coloanei vertebrale și care, împreună cu oasele pelviene, formează bazinul.

❋

SAD (*s.n.*) – (ÎNV.) Plantație de pomi fructiferi.

SADĂ (*s.f.*) – (REG.) Butaș de salcie.

❋

SADEA (*adj.* INVAR.) – **1.** Care nu este amestecat cu altceva; de un singur fel. **2.** Autentic, veritabil, adevărat.

SARDEA (*s.f.*) – Numele mai multor specii de pești de mare, din grupul scrumbiilor, care se consumă proaspeți sau conservați.

❉

SADIC (*adj.*) – (făcând referire la oameni) Care torturează sau chinuiește pe cineva din plăcerea bolnăvicioasă de a-1 vedea suferind.

SODIC (*adj.*) – Care conține sodiu, care e făcut pe bază de sodiu.

❉

SAGITAL (*adj.*) – (ANAT.) Care este în plan vertical de simetrie.

SAGITAR (*s.m.*) – (rar) Arcaș din armata romană.

❉

SAGU (*s.m.*) – Produs comestibil preparat din fecula sagotierului, care se consumă fiert în supă sau în lapte.

SAGUM (*s.m.*) – Manta scurtă romană și galică, care se prindea pe umăr cu o broșă.

❉

SAMBA (*s.f.*) – Dans popular brazilian, cu ritm viu, discontinuu și sincopat; melodia acestui dans.

SAMBO (*s.m.* INVAR.) – Descendent provenit din căsătoria unui indian din America cu un negroid sau cu un mulatru.

❉

SANDAL (*s.m.*) – (ÎNV.) Țesătură de mătase din care se confecționau obiecte de îmbrăcăminte.

SANTAL (*s.m.*) – Nume dat mai multor specii de arbori tropicali, cu frunze mari și cu flori grupate în ciorchini.

❉

SAPĂ (*s.f.*) – Unealtă agricolă pentru săpat și prășit.
ȘAPĂ (*s.f.*) – Strat de bitum, de asfalt etc. care se așterne pe suprafața unui element de construcție, pentru a-1 face impermeabil.

※

SAȘIU (*adj.*) – **1.** (făcând referire la oameni) Care se uită cruciș. **2.** (făcând referire la ochi) Cruciș, încrucișat.
ȘASIU (*s.n.*) – **1.** Cadru rigid de rezistență care se fixează pe osiile unui vehicul cu tracțiune mecanică și care susține caroseria. **2.** Nume purtat de diferite tipuri de rame sau de cadre, folosite în diverse domenii de activitate.

※

SATIR (*s.m.*) – Fiecare dintre divinitățile rustice din mitologia greacă, reprezentată printr-o ființă cu corp omenesc acoperit cu păr, cu coarne și picioare de țap sau de cal, care personifica instinctele brutale.
SATIRĂ (*s.f.*) – Scriere în versuri sau în proză în care sunt criticate defectele, viciile oamenilor sau aspectele negative ale societății, cu intenții moraliza- toare.

※

SAULĂ (*s.f.*) – Parâmă folosită pentru a lega în mod suplimentar diferite obiecte la bordul unei nave.
SAUNĂ (*s.f.*) – Baie de aburi care constă în expunerea corpului la o temperatură de 60–80° C, produsă prin stropirea unor pietre poroase încinse, după care se activează circulația sangvină prin lovirea corpului cu un mănunchi de nuiele și prin dușuri reci.

※

SCABROS (*adj.*) – (LIVR.) Necuviincios, indecent, nerușinat.

SCÂRBOS (*adj.*) – Care provoacă scârbă, greață, repulsie, silă.

✽

SCALĂ (*s.f.*) – Placă gradată montată la aparatele de radio, pe care se pot urmări, cu ajutorul unui indicator, posturile sau lungimea de undă pe care funcționează aparatul la un moment dat.

SCARĂ (*s.f.*) – **1.** Obiect de lemn, de fier etc. alcătuit din două părți laterale lungi și paralele așezate transversal la distanțe egale, care servește pentru a urca sau coborî la alt nivel. **2.** Element de construcție format dintr-un șir de trepte (din lemn, beton etc), servind pentru comunicarea între etaje într-o clădire sau în exteriorul ei.

✽

SCALP (*s.n.*) – Piele a capului uman împreună cu părul, smulsă de pe craniu în urma unui accident sau desprinsă cu un instrument ascuțit.

SCARP (*s.m.*) – (ITALIENISM) Pantof de damă ușor; pantof de casă.

✽

SCEPTIC (*adj.*/s.) – (Persoană) care se îndoiește de toate.

SEPTIC (*adj.*) – Care este infectat cu microbi.

✽

SCRIPETE (*s.m.*) – Mecanism format dintr-o roată cu un șanț periferic, care servește la transmiterea unei forțe prin intermediul unui cablu sau al unui lanț ce rulează pe șanț.

SCRIPTE (*s.f.* - PL.) – **1.** Condici, registre, documente contabile. **2.** (LIVR.) Documente istorice, hrisoave.

✽

SCRUTA (*vb.*) – A privi cercetător, atent; a căuta să pătrundă cu privirea.

SCURTA (*vb.*) – **1.** A micșora lungimea sau înălțimea unui obiect. **2.** A face să dureze mai puțin; a dura mai puțin.

✤

SCUD (*s.m.*) – Veche monedă de argint sau de aur care a circulat în unele țări din Europa apuseană.

SCUT (*s.n.*) – **1.** Armă defensivă de metal, de piele etc, de diverse forme și mărimi, folosită în antichitate și în Evul Mediu de luptători, pentru a-și apăra pieptul de lovituri. **2.** (*fig.*) Apărare, ocrotire.

✤

SCUMPIE (*s.f.*) – Arbust cu flori verzi-gălbui, a cărui coajă și ale cărui frunze se folosesc în vopsitorie, în tăbăcărie și în medicina populară.

SCUMPIRE (*s.f.*) – Faptul de a (se) scumpi.

✤

SCUTER (*s.m.*) – Tip de motocicletă ușoară, cu roți mici, cu motorul așezat, de obicei, sub șaua conducătorului, permițând aces- tuia să stea într-o poziție comodă (ca pe scaun), și care poate transporta una sau două persoane.

CUTER (*s.m.*) – **1.** Ambarcație mică, construită din lemn, acționată mecanic sau cu pânze, cu un singur catarg și cu bompres, având formă alungită pentru a se deplasa rapid (folosită la sport sau pentru pescuit). **2.** Mașină de tocat utilizată la fabricarea mezelurilor.

✤

SECANT (*adj.*) – (făcând referire la drepte, curbe) Care întretaie o linie, un plan.

SECAT (*adj.*) – Fără apă, lipsit de umezeală; uscat.

❅

SECTANT (*s.m.*) – Adept al unei secte religioase.

SEXTANT (*s.m.*) – Instrument optic care se folosește la măsurarea distanței unghiulare dintre două puncte, fiind utilizat în astronomie, navigație și aviație.

❅

SEMEM (*s.n.*) – (LINGV.) Unitate de semnificație a unui cuvânt alcătuită din mai multe semne.

SEMEN (*s.m.*) – **1.** Seamăn. **2.** Drug de fier în patru muchii, folosit de pescari la spargerea gheții.

❅

SEMIOLOGIE (*s.f.*) – **1.** Parte a medicinii care se ocupă cu descrierea semnelor și simptomelor diferitelor boli, precum și a metodelor de a le diagnostica. **2.** știință care studiază semnele întrebuințate în cadrul vieții sociale.

SEMITOLOGIE (*s.f.*) – știință care studiază cultura și limbile semitice.

❅

SEMIOPTIC (*adj.*) – Care ajută parțial la vedere.

SEMIOTIC (*adj.*) – Făcând referire la semiotică.

❅

SEMIT (*s.m.*) – Persoană care face parte din popoarele din sud-vestul Asiei, nordul și estul Africii, popoare apropiate între ele prin limbă și prin aspect fizic (arabii, sirienii, evreii etc).

SIMIT (*s.m.*) – Covrig turtit făcut dintr-o coca mai moale decât a covrigilor obișnuiți, presărat cu semințe de susan.

❅

SEROLOGIE (*s.f.*) – **1.** știință care se ocupă cu studiul serurilor terapeutice. **2.**

Studiu de laborator care constă în analizarea modificărilor serice din cursul diferitelor boli.

SIROLOGIE (*s.f.*) – Studiu al limbii, istoriei și antichităților siriene.

❈

SERPENTIN (*s.n.*) – Mineral care se prezintă sub mai multe varietăți, de diferite culori, rezultat prin hidroliza silicatului de magneziu.

SERPENTINĂ (*s.f.*) – Traseu șerpuit al unui drum care străbate un teren în pantă.

❈

SESIUNE (*s.f.*) – **1.** Perioadă de timp în care reprezentanții unei instituții se întâlnesc pentru a dezbate, a rezolva anumite probleme. **2.** În sintagma „Sesiune de examene" = Perioadă de timp în cursul căreia se susțin examene.

CESIUNE (*s.f.*) – Transmitere de către o persoană altei persoane a unui drept de creanță cu titlu oneros, pe baza unui contract.

❈

SFETI (*vb.*) – **1.** (ÎNV.) A (se) arăta, a (se) ivi. **2.** (făcând referire la situații) A se lămuri, a se limpezi.

SPETI (*vb.*) – A (se) îmbolnăvi de speteală; a munci până la epuizare.

❈

SILAN (*s.m.*) – Compus al siliciului cu hidrogenul.

SILEN (*s.m.*) – **1.** Nume dat, în mitologia greacă, satirilor bătrâni. **2.** Persoană în vârstă care, sub o înfățișare grotescă, ascunde o înțelepciune ironică.

❈

SIMFONIE (*s.f.*) – Compoziție muzicală de amploare pentru orchestră, alcătuită din trei sau patru părți.

SIMONIE (*s.f.*) – Trafic cu bunuri pe care biserica le consideră spirituale, sfinte

SIMULA

și pedepsit cu excomunicarea, caterisirea etc.

❋

SIMULA (*vb.*) – A face să pară adevărat ceva ireal; a crea în mod intenționat o impresie falsă.

STIMULA (*vb.*) – A face să crească energia, randamentul; a da avânt, a încuraja, a incita.

❋

STIMULARE (*s.f.*) – Acțiunea de a face să crească energia.

SIMULARE (s.) – Acțiunea de a crea în mod intenționat o impresie falsă.

❋

SLAVĂ (*s.f.*) – Glorie, faimă; laudă, proslăvire.

SLOVĂ (*s.f.*) – **1.** (POP.) Literă (CHIRILICĂ); scriere. **2.** Scrisul cuiva, cu caracteristicile lui, după care poate fi identificat. **3.** (*fig.*) știință de carte.

❋

SOLIDAR (*adj.*) – Legat de cineva sau de ceva printr-o responsabilitate și un interes comun.

SOLITAR (*adj.*) – Singur; izolat, singuratic.

❋

SOMATOLOGIE (*s.f.*) – știință care se ocupă cu studiul anatomic și fiziologic al corpului omenesc.

STOMATOLOGIE (*s.f.*) – Parte a medicinii care studiază anatomia, fiziologia și bolile cavității bucale și ale anexelor ei, în special ale dinților.

❋

SOMAȚIE (*s.f.*) – **1.** Faptul de a soma; invitație prin care se pune cuiva în vedere să execute (sau să nu execute) ceva. **2.** Ordin scris emanat de la o autoritate prin care se ordonă cuiva să execute (sau să înceteze de a executa) o acțiune.

SUMAȚIE (*s.f.*) – **1.** (MAT.) Operația prin care se face suma mai multor cantități; adunare a mai multor factori. **2.** (BIOL.) Adiție latentă; apariția unei reacții fiziologice într-un organism în urma mai multor excitații succesive.

※

SORDID (*adj.*) – (LIVR.) Murdar, dezgustător.
FERVID (*adj.*) – (LATINISM) Arzător, strălucitor.

※

SPADĂ (*s.f.*) – Armă formată dintr-o lamă dreaptă cu două tăișuri, din gardă și mâner, cu care se poate tăia și împunge.
SPATĂ (*s.f.*) – **1.** Piesă la războiul de țesut, formând un fel de pieptene, prin care trec firele de urzeală. **2.** Porțiune a scapulei care susține articulația umărului.

※

SPEȚE (*s.f.*) – **1.** Specie. **2.** Caz adus spre rezolvare în fața unui organ de jurisdicție.
SPEZE (*s.f.*) – **1.** Cheltuieli pe care le suportă cineva pentru anumite servicii, pentru o deplasare etc. **2.** „A trăi pe spezele cuiva" = a trăi din munca, pe spinarea altuia.

※

SPIC (*s.n.*) – **1.** Inflorescență caracteristică plantelor graminee, alcătuită din mai multe flori mici cu pedunculul scurt, dispuse pe o axă centrală lungă. **2.** Vârful firelor de păr, mai lungi (și de altă culoare), din blana unor animale. **3.** În sintagma „Spic de zăpadă" = fulgi mari de zăpadă amestecați cu stropi de ploaie, care cad pe pământ. **4.** (POP.) Vârf de munte; pisc. **5.** Partea cea mai înaltă a acoperișului casei.
ASPIC (*s.n.*) – Produs alimentar preparat din carne, oase și cartilaje, fierte

timp îndelungat în zeamă, care, după răcire, se încheagă, devenind gelatinos.

※

SPICUI (*vb.*) – **1.** A culege spice dintr-un lan. **2.** (*fig.*) A culege, a extrage (materiale documentare) din diferite izvoare.

SPILCUI (*vb.*) – (FAM.) A-și îngriji în mod exagerat înfățișarea.

※

SPINEL (*s.m.*) – Minereu de magneziu cristalizat în sistemul cubic, divers colorat, cu luciu sticlos și duritate mare, cu varietăți folosite ca pietre prețioase.

SPINET (*s.m.*) – Mărăcini, mărăciniș, spinărie.

※

SPLINT (*s.m.*) – (TEHN.) Cui de siguranță.

SPLIT (*s.m.*) – Piatră spartă mărunt, întrebuințată în construcția de drumuri.

※

STADIU (*s.n.*) – Fiecare dintre perioadele distincte în evoluția unui proces istoric, social etc. sau a unui fenomen din natură; fază, etapă.

STAGIU (*s.n.*) – Perioadă de timp în care un angajat începător lucrează pentru a dobândi experiență în profesiunea sau în specialitatea lui.

※

STAMINĂ (*s.f.*) – Organ bărbătesc de reproducere a florii, care conține polenul.

STANINĂ (*s.f.*) – Sulfură naturală complexă de staniu, fier și cupru.

※

STANĂ (*s.f.*) – **1.** Bloc, bolovan mare de piatră. **2.** „A rămâne (sau a sta, a fi etc.) (ca o) stană (de piatră)" = a rămâne (sau a sta, a fi etc.) încremenit, nemișcat.

STRANĂ (*s.f.*) – **1.** Fiecare dintre scaunele așezate, în Biserica ortodoxă, la dreapta și la stânga iconostasului, de-a lungul pereților naosului, pe care stau în timpul slujbei credincioșii. **2.** Parte destinată cântăreților într-o biserică, unde se află de obicei și un pupitru pentru cărți.

✺

STATUAR (*adj.*) – Privitor la statui; care ține de sculptarea statuilor.
STATUTAR (*adj.*) – Conform unui statut.

✺

STIGMAT (*s.n.*) – **1.** Urmă lăsată de ceva; urmă rușinoasă. **2.** (BOT.) Partea superioară a pistilului, pe care se prinde și încolțește polenul.
STIMAT (*adj.*) – Care se bucură de stimă, de respect.

✺

STUP (*s.n.*) – **1.** Adăpost natural sau special amenajat pentru albine. **2.** Totalitatea albinelor dintr-un stup.
STUPĂ (*s.f.*) – **1.** Nume dat firelor de cânepă rămase între dinții daracului după scoaterea fuiorului. **2.** Monument religios indian destinat comemorării sau păstrării relicvelor unei căpetenii budiste.

✺

STUPILĂ (*s.f.*) – Amorsa specială folosită pentru aprinderea încărcăturii de pul- bere la tunurile vechi.
STUPINĂ (*s.f.*) – Loc unde se cresc albinele, unde sunt amplasați stupii.

✺

SUAV (*adj.*) – Gingaș, grațios, delicat.
ZUAV (*s.m.*) – Soldat francez dintr-un corp special de infanterie care a existat în Algeria.

✺

SUDURĂ (*s.f.*) – **1.** Operație de sudare. **2.** (*fig.*) îmbinare, închegare, legătură.

SUTURĂ (*s.f.*) – **1.** (ANAT.) Tip de articulație în care oasele sunt fixe. **2.** (MED.) Cusătură folosită în chirurgie pentru a reuni marginile unei plăgi, fragmentele unui os fracturat etc.

❊

SUFIT (*s.m.*) – **1.** Ornament de var și nisip, executat în special pe tavan. **2.** Tavan ornamentat în acest mod.
SUFITĂ (*s.f.*) – **1.** Parte superioară a scenei, amenajată special pentru manevrarea dispozitivelor de iluminare, aerisire etc. **2.** Element scenografic care acoperă sau decorează partea superioară a scenei.

❊

SUIT (*s.n.*) – Faptul de a (se) sui; urcare, suiș.
SUITĂ (*s.f.*) – **1.** Grup de oameni care însoțește un demnitar, un suveran etc; alai. **2.** Lucrare muzicală instrumentală alcătuită din mai multe părți scrise în aceeași tonalitate, dar contrastante.

❊

SULTANĂ (*s.f.*) – Soție sau fiică de sultan.
SUTANĂ (*s.f.*) – Haină preoțească lungă până la pământ și încheiată cu nasturi de sus până jos.

❊

SUPEU (*s.n.*) – Masă care se ia seara târziu (după spectacol).
SUPIEU (*s.n.*) – (rar) Baretă prinsă de partea de jos a pantalonilor, care se trece pe sub talpă, pentru a ține pantalonii întinși.

❊

SUTAR (*s.n.*) – (FAM.) Bancnotă de 100 de lei.
SUTAȘ (*s.m.*) – (în antichitate, mai ales la romani) Comandant a peste 100 de ostași.

❊

SUVERAN (*adj.*/s.) – **1.** (*adj.*) Care este deasupra tuturor, care are autoritatea supremă. **2.** (*s.m.*) Conducător al unui stat monarhic; monarh.

SUZERAN (*s.m.*) – Mare senior, în Evul Mediu, de care depindeau alți seniori, ca urmare a relațiilor de suzeranitate.

SUVERANITATE (*s.f.*) – Calitatea de a fi suveran, de a dispune liber de soarta sa; independență.

SUZERANITATE (*s.f.*) – **1.** Dreptul suzeranului asupra seniorilor vasali. **2.** Dreptul unui stat asupra altui stat care are guvern propriu, dar nu are autonomie completă.

ȘABACĂ (*s.f.*) – (REG.) Broderie în ajur făcută la cămăși, la fețe de masă. etc.

ȘABANĂ (*s.f.*) – Haină lungă, pe care o purtau aprozii, vornicii și pajii la curțile domnești.

※

ȘAPĂ (*s.f.*) – Strat de bitum, de asfalt etc. care se așterne pe suprafața unui element de construcție, pentru a-l face impermeabil.

SAPĂ (*s.f.*) – Unealtă agricolă pentru săpat și prășit.

※

ȘARETĂ (*s.f.*) – Trăsurică ușoară cu două roți, trasă de un singur cal; cabrioletă.

CARETĂ (*s.f.*) – Trăsură de lux acoperită, cu patru roți.

※

ȘASIU (*s.n.*) – **1.** Cadru rigid de rezistență care se fixează pe osiile unui vehicul cu tracțiune mecanică și care susține caroseria. **2.** Nume purtat de diferite tipuri de rame sau de cadre, folosite în diverse domenii de activitate.

SAȘIU (*adj.*) – **1.** (făcând referire la oameni) Care se uită cruciș. **2.** (făcând referire la ochi) Cruciș, încrucișat.

※

ȘAMBRAT (*adj.*) – (LIVR.) (făcând referire la vinuri) Care se servește la temperatura camerei.

CAMBRAT (*adj.*) – Arcuit, curb, curbat, încovoiat, îndoit.

※

ȘERBET (*s.m.*) – Preparat alimentar făcut din sirop de zahăr bine legat și frecat, colorat și aromat cu diferite esențe sau sucuri de fructe.

ȘERVET (*s.m.*) – **1.** Bucată pătrată sau dreptunghiulară de pânză de in, de bumbac etc. întrebuințată la masă pentru ștersul gurii, sau în bucătărie pentru ștersul veselei, tacâmurilor etc. **2.** (POP.) Prosop, ștergar.

❋

ȘERPAR (*s.m.*) – **1.** Brâu lat de piele pe care îl poartă țăranii. **2.** Pasăre răpitoare asemănătoare cu acvila, care se hrănește mai ales cu șerpi, șopârle și broaște.
ȘERPAȘ (*s.m.*) – Persoană care aparține unor triburi din Nepal, nordul Indiei etc. și care însoțește expedițiile în Himalaia, cărând poverile.

❋

ȘERPUI (*vb.*) – A avea sau a forma (în mișcare) o linie unduitoare, ca mersul șarpelui.
ȘERUI (*vb.*) – A curăța resturile de carne de pe o piele jupuită, înainte de a o pune la argăseală; a descărna.

❋

ȘIȘTAR (*s.n.*) – Vas de lemn sau de metal, cu gura mai largă decât baza, folosit în special pentru muls laptele.
ȘIȘTOR (*s.m.*) – (POP.) Par ascuțit care se așază în vârful caselor țărănești.

❋

ȘLAM (s.) – Amestec de apă cu particule fine de substanțe minerale în suspensie, provenind din instalațiile de preparare mecanică a minereurilor sau a cărbunilor.
ȘLEM (s.) – În sintagma „Marele șlem" = **1.** (la unele jocuri de cărți cu licitație) Situație în care unul dintre cuplurile participante la joc câștigă toate cele 13 levate posibile. **2.** (la jocul de tenis) Situație în care un tenisman câștigă, în

cursul aceluiași an, cele patru mari concursuri internaționale de tenis.

※

ȘOLDAN (*s.m.*) – Pui de iepure, până la un an.
ȘOLDAR (*s.m.*) – Curea de ham care trece peste șoldul calului.

※

ȘORT (*s.n.*) – Pantaloni scurți îmbrăcați de regulă la plajă sau într-o activitate sportivă.
ȘROT (*s.m.*) – **1.** Primul produs obținut în cursul măcinării grâului. **2.** Material furajer provenit din resturile de semințe rămase după extragerea uleiului, cu conținut bogat în proteine și săruri minerale.

※

ȘORȚ (*s.n.*) – Obiect de îmbrăcăminte purtat peste haine de către femei, muncitori etc., în timpul lucrului, pentru protejarea hainelor.
ȘORT (*s.n.*) – Pantaloni scurți îmbrăcați de regulă la plajă sau într-o activitate sportivă.

※

ȘPAIS (*s.m.*) – Produs rezultat din topirea unor minereuri neferoase, care conține combinații ale arsenului și ale antimoniului cu alte substanțe.
ȘPIS (*s.m.*) – Pată neagră care apare uneori la tipar între cuvinte.

※

ȘPIȚ (*s.m.*) – **1.** Numele unei rase de câini de talie mică, cu păr pufos, cu urechi drepte și bot ascuțit. **2.** (TEHN.) Unealtă alcătuită dintr-o bară de oțel cu vârful ascuțit, folosită la găurirea pietrelor naturale sau artificiale sau la prelucrarea suprafeței acestora.
ȘPRIȚ (*s.n.*) – **1.** Băutură preparată din vin și sifon sau

apă minerală. **2.** Aparat folosit pentru a orna prăjiturile.

※

SPLINT (*s.n.*) – Piesă din metal de forma unui cui despicat în două brațe egale, care este folosită pentru blocarea piulițelor sau pentru a nu permite deșurubarea acestora.

ȘPLIT (*s.n.*) – Piatră dură spartă, folosită la confecționarea betoanelor de ciment și la pietruiri.

※

ȘTACHETĂ (*s.f.*) – **1.** (REG.) Ulucă. **2.** Bară subțire, așezată transversal, peste care trebuie să sară sportivii la atletism, fără să o atingă.

ȘTAFETĂ (*s.f.*) – **1.** (ÎNV.) Curier special care aducea scrisori sau mesaje urgente. **2.** Concurs sportiv de alergări, schi, înot etc. în care fiecare echipă are patru persoane, iar acestea trebuie să parcurgă succesiv distanța regulamentară, care este fracționată în patru părți egale, fiecare sportiv transmițând unui coechipier un obiect convențional care trebuie dus la punctul final.

※

ȘTEAP (*s.m.*) – (REG.) **1.** Cotor de plantă rămas după secerat sau cosit. **2.** Mărăcine ascuțit; țepușă, ghimpe. **3.** Bucată de lemn, scurtătură.

ȘTEAMP (*s.m.*) – Mașină de lucru folosită în trecut pentru sfărâmarea minereurilor aurifere.

※

ȘTIM (*s.m.*) – (POP.) **1.** Fire de lână, scurte și de proastă calitate, care rămân, după dărăcit, în colții daracului; resturi de lână sau de cânepă ce ies din țesături, când se dau la piuă. **2.** (*fig.*) Păr de pe capul omului. **3.** (REG.) Iarbă deasă, scurtă și greu de cosit. **4.** (REG.) Plantă cu tulpină rigidă, cu frunze subțiri și cu spicuri lungi; țăpoșică.

ȘTIMĂ (*s.f.*) – **1.** Personaj din mitologia populară, imaginat ca o femeie care protejează apele, pădurile, comorile etc. **2.** Partea care revine fiecăruia dintre interpreții unei bucăți muzicale și care se extrage, separat, din partitura generală.

※

ȘULAR (*s.n.*) – Cusătură provizorie cu împunsături rare.

ȘULER (*s.m.*) – (REG.) Șarlatan; trișor.

※

ȘUBER (*s.n.*) – (TEHN.) Dispozitiv cu care se reglează închiderea sau deschiderea unui orificiu de trecere pentru lichide sau gaze.

ȘUBLER (*s.n.*) – (TEHN.) Instrument de măsurat lungimi sau grosimi mici, alcătuit dintr-o riglă gradată cu două brațe, între care se prinde obiectul ce trebuie măsurat.

TABELAR (*adj.*) – În formă de tabel.
TABULAR (*adj.*) – Care este înscris pe o listă sau în coloanele unui registru.

❋

TABERNĂ (*s.f.*) – Prăvălie din vechea Romă.
TAVERNĂ (*s.f.*) – Cârciumă sărăcăcioasă, murdară și întunecoasă (instalată de obicei la subsol).

❋

TABULATOR (*s.n.*) – Dispozitiv la mașina de scris care permite ca, odată fixată lungimea unui rând, să poată fi menținută automat și pentru rândurile următoare.
TABULATURĂ (*s.f.*) – Sistem de notație muzicală cu ajutorul cifrelor sau literelor, folosit în secolele XV-XVII pentru instrumentele polifonice (orgă, clavecin etc).

❋

TAINIC (*adj.*) – **1.** Misterios. **2.** Neînțeles, secret.
TRAINIC (*adj.*) – Care durează, care rezistă; durabil.

❋

TALAN (*s.m.*) – **1.** (POP.) (MED.) Dalac. **2.** Termen depreciativ pentru un cal bătrân și slab.
TALANT (*s.m.*) – **1.** Unitate de măsură pentru greutăți, de mărime variabilă, folosită în Grecia antică. **2.** Monedă de aur sau de argint, folosită în Grecia antică.

❋

TALAR (*s.n.*) – (ÎNV.) Haină lungă, purtată în trecut ca uniformă de unele unități militare și de membrii unor asociații profesionale.

TALAȘ (*s.n.*) – Așchii lungi, subțiri și răsucite care se desprind la prelucrarea cu rindeaua sau cu unelte cu tăiș lat.

❊

TALAZ (*s.m.*) – Val mare stârnit de furtuni pe mări sau pe oceane.

TALUZ (*s.n.*) – Suprafață înclinată care mărginește lateral un rambleu sau un debleu; teren în pantă.

❊

TALIAN (*s.m.*) – (REG.) Năvod mare, fixat cu ancore și cu piloți, folosit la prinderea în cantități mari a peștilor migratori.

TALION (*s.m.*) – Pedeapsă sau răzbunare, specifică societății sclavagiste, care consta în tratarea vinovatului în același fel în care acesta și-a tratat victima.

❊

TALUS (*s.n.*) – (ANAT.) Călcâi.

TALUZ (*s.n.*) – Suprafață înclinată care mărginește lateral un rambleu sau un debleu; teren în pantă.

❊

TANANT (*s.m.*) – **1.** Substanță chimică, anorganică sau organică, naturală sau sintetică, ce are proprietatea de a tăbăci pieile crude. **2.** Materie primă naturală care conține o astfel de substanță.

TALANT (*s.m.*) – **1.** Unitate de măsură pentru greutăți, de mărime variabilă, folosită în Grecia antică. **2.** Monedă de aur sau de argint, folosită în Grecia antică.

❊

TANGON (*s.n.*) – Catarg orizontal mobil, cu funii și scară, folosit pe timp de furtună pentru coborârea și urcarea oamenilor în și din barcă.

TANGOU (*s.n.*) – Dans de salon, la origine vechi dans argentinian, care se dansează în perechi.

✻

TAPISERIE (*s.f.*) – Lucru de mână cusut pe o canava cu lână, cu mătase, cu fir; țesătură din lână sau din mătase, înfățișând diverse subiecte sau teme alegorice, lucrată manual sau la război și folosită în special la împodobirea pereților sau a unor mobile.
TAPIȚERIE (*s.f.*) – **1.** Meseria tapițerului. **2.** Atelier în care se lucrează sau se vând obiecte făcute de tapițer.

✻

TAR (*s.m.*) – **1.** Veche unitate de măsură pentru greutăți, egală cu 125 de ocale. **2.** Sarcină, povară.
TARĂ (*s.f.*) – **1.** Dara. **2.** Nume dat unor greutăți nemarcate formate din diferite bucăți de metal sau de sticlă, care se întrebuințează la diferite cântăriri de laborator. **3.** (MIL.) Denumire pentru caracteristicile fizico-chimice de bază ale pulberii.

✻

TARAC (*s.m.*) – Stâlp bătut în pământ, care servește ca element de susținere pentru un pod, un zăgaz, un gard etc.
DARAC (*s.m.*) – **1.** Unealtă de pieptănat și de scărmănat lâna, cânepa sau inul, formată dintr-un sistem de piepteni cu dinți mari de oțel, fixați pe un suport. **2.** Mașină de lucru alcătuită din două piese cu suprafețe cilindrice concentrice și cu dinți în formă de cuie, folosită pentru scărmănatul lânii și al altor materiale textile.

✻

TARANTELĂ (*s.f.*) – Dans popular napolitan, executat într-un ritm alert.
TARANTULĂ (*s.f.*) – Specie de păianjen mare din țările

meridionale, cu patru ochi mari și numeroși ochi mici, care își sapă galeriile în pământ și a cărui înțepătură este veninoasă.

※

TARAR (*s.n.*) – Mașină folosită în morărit, care asigură curățarea de impurități a semințelor de cereale, prin cernere și prin antrenarea lor într-un curent de aer.

TARAT (*adj.*) – (rar) Plin de vicii, cu tare.

※

TAROC (*s.n.*) – Numele unui joc de cărți la care se folosesc cărți speciale.

TAROD (*s.n.*) – Burghiu de filetat.

※

TARTAN (*s.n.*) – Țesătură specială, din lână sau din bumbac, cu carouri mari, colorate divers, folosită în Scoția.

TARTANĂ (*s.f.*) – Mică navă de transport și de pescuit, cu o singură pânză, folosită în special în Marea Mediterană.

※

TASA (*vb.*) – **1.** A reduce volumul unui obiect, al unui material, a comprima prin lovire, apăsare, strângere. **2.** (făcând referire la terenuri, materiale pulverulente sau granulare) A se așeza în straturi mai compacte, a se îndesa (prin scufundare), a deveni mai puțin afânat.

TAXA (*vb.*) – **1.** A supune unei taxe, unei impuneri; a fixa o sumă determinată (ca taxă, impozit, preț). **2.** A califica pe cineva drept..., a acuza de...

※

TASTER (*s.m.*) – Dispozitiv mecanic al mașinii de cules monotip, prevăzut cu o claviatură, utilizat la înregistrarea textului pe o bandă de hârtie prin perforații diferit combinate.

TESTER (*s.m.*) – **1.** Aparat care, introdus în gaura de sondă cu ajutorul garniturii de prăjini de foraj, permite recoltarea unor probe de fluid din straturi posibil saturate cu hidrocarburi, în vederea unor analize. **2.** Orice aparat ori dispozitiv care servește testărilor.

❋

TĂBĂCI (*vb.*) – A prelucra pielea brută cu ajutorul tananților, transformând-o într-un produs moale, impermeabil, care nu putrezește, elastic și rezistent.

TĂRBĂCI (*vb.*) – **1.** (FAM.) A snopi în bătaie. **2.** (REG.) A frământa noroiul în timpul mersului.

❋

TÂRTIȚĂ (*s.f.*) – Partea posterioară a coloanei vertebrale la păsări.

CÂRTIȚĂ (*s.f.*) – Mic mamifer insectivor care trăiește în galerii subterane.

❋

TEASC (*s.n.*) – **1.** Presă manuală folosită pentru zdrobirea strugurilor, a semințelor plantelor oleaginoase etc., în vederea obținerii mustului, a uleiului etc. **2.** (ÎNV.) Mașină de imprimat.

TREASC (*s.n.*) – Tun mic, folosit în trecut pentru a produce focuri de artificii sau pocnituri la petreceri.

❋

TELEOLOGIC (*adj.*) – Care aparține teleologici.

TELEOLOGIE (*s.f.*) – Doctrină filozofică conform căreia totul în natură este organizat cu un anumit scop, cu o anumită cauză finală.

❋

TEMPORAL (*adj.*) – Care arată timpul, privitor la timp.

TEMPORAR (*adj.*) – Care este de scurtă durată, care nu durează decât un anumit timp; vremelnic.

✻

TENAR (*s.m.*) – Parte ieșită în afară de la extremitatea podului palmei; regiunea palmară externă.

TENOR (*s.m.*) – **1.** Cea mai înaltă voce bărbătească; cântăreț care are o astfel de voce. **2.** Categorie de instrumente de suflat cu registrul cel mai înalt.

✻

TENDĂ (*s.f.*) – Apărătoare de soare sau de ploaie, în formă de acoperiș, confecționată din pânză (la o luntre, la o terasă etc).

TENTĂ (*s.f.*) – Amestec de tuș sau de culoare cu apă, terebentină etc, folosit pentru a reda nuanța de culoare dorită; nuanță a unei culori.

✻

TENDER (*s.n.*) – Vehicul de cale ferată, cuplat direct cu o locomotivă cu abur sau făcând corp comun cu aceasta, care servește la depozitarea și la transportul combustibilului și apei necesare funcționării locomotivei.

TENDOR (*s.n.*) – Dispozitiv pentru întinderea unor cabluri de ancorare.

✻

TEOLOGIC (*adj.*) – Care ține de teologie, privitor la teologie.

TIPOLOGIC (*adj.*) – Privitor la tipologie.

✻

TEOLOGIE (*s.f.*) – Disciplină care se ocupă cu expunerea și justificarea rațională a izvoarelor, a dogmelor și a riturilor unei religii.

TIPOLOGIE (*s.f.*) – **1.** Studiu științific asupra trăsăturilor tipice sau asupra relațiilor reciproce dintre diversele tipuri ale unor obiecte sau fenomene. **2.** Ramură a psihologiei care se ocupă cu studiul trăsăturilor psihice caracteristice ale oamenilor.

※

TERMIT (*s.m.*) – Amestec de pulbere de aluminiu cu un oxid al unui metal, întrebuințat în sudură, în metalurgie etc.

TERMITĂ (*s.f.*) – **1.** (la PL.) Gen de insecte tropicale care seamănă cu furnica, trăiesc în colonii (*Reticulitermes*) și sunt foarte dăunătoare, atacând mai ales lemnul. **2.** (la SG.) Insectă care face parte din acest gen.

※

TEST (*s.m.*) – Probă prin care se examinează, în psihologia experimentală, unele aptitudini psihice și fizice ale unei persoane.

TEXT (*s.m.*) – **1.** Totalitatea cuvintelor într-un document, o publicație, o tipăritură sau alt lucru scris. **2.** Fragment dintr-o scriere. **3.** Cuvintele unei bucăți de muzică vocală. **4.** Corp de literă de 20 de puncte tipografice.

※

TETANISM (*s.n.*) – (MED.) Tetanie.

TITANISM (*s.n.*) – **1.** (LIVR.) Spirit de revoltă. **2.** Ceea ce caracterizează opera unui creator de geniu.

※

TIGAIE (*s.f.*) – **1.** Vas de bucătărie de formă rotundă, cu marginea joasă și cu o coadă lungă, întrebuințat la prăjit. **2.** (reg.) Cratiță cu două toarte în care se fierbe mâncarea. **3.** Mic recipient la vechile arme de foc, în care se punea praful de pușcă.

ȚIGAIE (*adj.*) – **1.** (făcând referire la lână) Scurtă și creață, moale, mătăsoasă. **2.** (făcând referire la oi) Cu lână scurtă, creață și mătăsoasă. **3.** (substantivat) Rasă de oi autohtonă, crescută pentru producția de lână semifină, carne și lapte.

※

TIPOGRAF (*s.m.*) – Muncitor calificat în domeniul tipăririi.
TOPOGRAF (*s.m.*) – Specialist în topografie.

※

TITLU (*s.n.*) – **1.** Calificare dobândită de cineva în urma unor studii speciale într-un anumit domeniu de activitate. **2.** Cuvânt sau text pus în fruntea unei lucrări sau a unei părți distincte dintr-un text.
TITRU (*s.n.*) – Cantitate de substanță activă, exprimată în grame, care se află dizolvată într-un mililitru de soluție.

※

TOM (*s.n.*) – Fiecare dintre părțile unei lucrări, ale unei opere de proporții mari, formând adesea o unitate independentă; volum.
TON (s.) – **1.** (*s.m.*) Pește răpitor de mare. **2.** (*s.n.*) Sunet simplu, produs de o sursă care vibrează sinusoidal în timp.

※

TOMBOLĂ (*s.f.*) – Loterie cu obiecte, organizată cu ocazia unor sărbători sau festivități.
TOMBOLO (*s.m.*) – Limbă de nisip care unește o insulă litorală de țărm.

※

TOPOGRAFIE (*s.f.*) – Ramură a geodeziei care se ocupă cu tehnica măsurătorilor unei porțiuni a scoarței terestre, cu determinarea poziției elementelor scoarței terestre pe suprafețe mici, precum și cu tehnica reprezentării grafice a suprafețelor măsurate în vederea întocmirii de hărți și de planuri.
TIPOGRAFIE (*s.f.*) – Întreprindere sau atelier în care se

execută tipărirea cărților, a ziarelor etc.

※

TORID (*adj.*) – (LIVR.) Excesiv de cald, dogoritor.
TORIT (*s.n.*) – Silicat natural de toriu.

※

TOPIC (*adj.*) – Care aparține topicii, privitor la topică.
TIPIC (*adj.*/s.) – **1.** (*adj.*) Care distinge, caracterizează o persoană, un obiect, un fenomen etc.; caracteristic, specific. **2.** (*s.n.*) Caracterul a ceea ce este specific; totalitatea caracterelor unui fenomen artistic, ale unui personaj literar etc., care exprimă în artă esența realității.

※

TOPILĂ (*s.f.*) – Loc îngrădit în albia unui râu sau într-o apă stătătoare, unde se pun la topit cânepa sau alte plante utile.
TORPILĂ (*s.f.*) – **1.** Proiectil submarin prevăzut cu motor propriu și cu încărcătură explozivă, care se lansează împotriva unei nave inamice de pe o navă de luptă, din avion sau de pe coastă. **2.** Pește marin cu schelet cartilaginos, capabil să producă la atingere descărcări electrice cu care își ucide prada.

※

TOPOLOGIC (*adj.*) – Făcând referire la topologie.
TOPOLOGIE (*s.f.*) – Ramură a matematicii care studiază proprietățile mulțimilor de puncte neschimbătoare față de unele transformări.

※

TRADUCĂTOR (*s.m.*) – Persoană care traduce un text dintr-o limbă în alta.
TRADUCTOR (*s.m.*) – Dispozitiv care stabilește o corespondență între valorile unei mărimi care-i sunt specifice și valorile unei mărimi de altă natură, specifice altui sistem, folosit în tehnică, telecomunicații etc.

TRAHEIDĂ (*s.f.*) – (BOT.) Vas lemnos prin care circulă seva brută.

TRAHEITĂ (*s.f.*) – Boală care constă în inflamația mucoasei traheale.

※

TRAILĂ (*s.f.*) – Pod umblător care alunecă de-a lungul unui cablu sau al unei frânghii, fiind tras de o navă sau de forța curentului de pe un mal pe celălalt al unei ape curgătoare.

TRAINĂ (*s.f.*) – Parâmă ale cărei capete sunt fixate pe două corpuri plutitoare și care este târâtă pe fundul apei pentru a agăța un corp scufundat sau pentru a-i determina poziția.

※

TRAMĂ (*s.f.*) – Fir de mătase, folosit în urzeala sau în bătătura unei țesături.

TRAUMĂ (*s.f.*) – **1.** Traumatism. **2.** Emoție violentă care tulbură personalitatea unui individ, afectându-i reacțiile normale la alte emoții de același fel.

TRANȘĂ (*s.f.*) – Parte; porție.

TRANSĂ (*s.f.*) – Stare psihică specială în care se găsește de obicei o persoană hipnotizată, caracterizată prin slăbirea sau dispariția atitudinii discriminatorii, critice la acțiunea unor sugestii sau (în mod excepțional) autosugestii.

※

TRANSPARENT (*adj.*) – Prin care se poate vedea clar.

TRANSPERANT (*s.n.*) – Stor.

※

TRIBUN (*s.m.*) – Magistrat roman care îndeplinea funcții militare și civile.

TRIBUT (*s.n.*) – Obligație în bani sau în bunuri pe care o impunea o putere cuceritoare unui popor învins și care trebuia plătită la date fixe; bir.

※

TRICORD (*s.n.*) – (MUZ.) Scară diatonică din trei trepte, limitată într-un interval de terță sau de cvartă.

TRICORN (*s.n.*) – Pălărie bărbătească cu borurile îndoite în trei colțuri, purtată în trecut.

✳

TRIL (*s.m.*) – Ornament muzical constând din executarea rapidă și prelungită, cu vocea sau cu un instrument, a unui sunet de bază cu unul alăturat lui; *p. ext.* cântecul unor păsări care produce un efect sonor similar cu cel definit mai sus.

DRIL (*s.m.*) – Țesătură deasă și groasă din fire de bumbac sau de cânepă bine răsucite, care se folosește la confecționarea îmbrăcămintei de vară, a pânzei de cort etc.

✳

TRIOD (*s.n.*) – Carte rituală creștină care cuprinde cântările și rugăciunile din cele zece săptămâni dinainte de Paști.

TRIODĂ (*s.f.*) – Tub electronic cu trei electrozi.

✳

TROC (*s.m.*) – Schimb în natură, constituind forma cea mai simplă a comerțului, caracteristică economiei primitive.

TROG (*s.m.*) – (GEOL.) Vale adân- că, cu pereți abrupți, formată prin acțiunea erozivă a ghețarilor; vale glaciară.

✳

TROFIC (*adj.*) – Privitor la nutriție, care întreține nutriția.

TROPIC (*s.n.*) – Fiecare dintre cele două paralele situate la latitudinea de 23°27' nord sau sud de ecuatorul terestru, unde, în timpul celor două solstiții, Soarele trece la zenitul locului.

✳

TURCOAZ (*adj.*) – (LIVR.) De culoare albastră-verzuie.

TURCOAZĂ (*s.f.*) – (LIVR.) Peruzea.

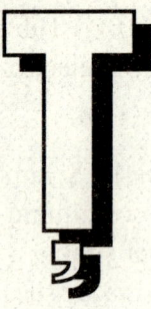

ȚARC (*s.n.*) – Loc îngrădit și uneori acoperit, unde se adăpostesc sau se închid oile, vitele etc.

ȚARCĂ (*s.f.*) – **1.** (ORNIT.) Coțofană. **2.** (*fig. depr.*) Gură (considerată ca organ al vorbirii).

✼

ȚIGAIE (*adj.*) – **1.** (făcând referire la lână) Scurtă și creață, moale, mătăsoasă. **2.** (făcând referire la oi) Cu lână scurtă, creață și mătăsoasă. **3.** (substantivat) Rasă de oi autohtonă, crescută pentru producția de lână semifină, carne și lapte.

ȚIGAIE (*s.f.*) – **1.** Vas de bucătărie de formă rotundă, cu marginea joasă și cu o coadă lungă, întrebuințat la prăjit. **2.** (REG.) Cratiță cu două toarte în care se fierbe mâncarea. **3.** Mic recipient la vechile arme de foc, în care se punea praful de pușcă.

✼

ȚAGLĂ (*s.f.*) – Semifabricat de oțel din care se laminează bare, sârme etc. și din care se forjează sau se stanțează diverse piese.

ȚIGLĂ (*s.f.*) – Piesă de argilă arsă, de mortar etc, în formă de placă, folosită la învelit casele.

✼

ȚICLĂ (*s.f.*) – Instrument pentru pescuit raci.

ȚICLĂU (*s.n.*) – (REG.) **1.** Stâncă foarte ascuțită și înaltă. **2.** Vârf de munte sau de deal.

✼

ȚIGARET (*s.m.*) – Obiect subțire de formă cilindrică, îngustat la unul dintre capete, în celălalt introducându-se țigara.

ȚIGARETĂ (*s.f.*) – Țigară.

UMBELĂ (*s.f.*) – Inflorescență în care pedunculii fiecărei floricele pornesc din același punct și se ridică la aceeași înălțime, ca pânza unei umbrele.

UMBRELĂ (*s.f.*) – Obiect alcătuit dintr-o pânză care se poate strânge sau întinde prin intermediul unor spițe metalice fixate radial pe un baston, destinat să apere de soare sau de ploaie.

❃

UMBRAL (*s.n.*) – (OPT.) Colorație a lentilelor ochelarilor de vedere.

UMBRAR (*s.n.*) – Adăpost împotriva arșiței soarelui, oferit de crengile și de frunzele unui arbore sau ale mai multor arbori.

UMERAL (*adj.*) – Care ține de umăr, privitor la umăr.

UMERAR (*s.n.*) – **1.** Umeraș. **2.** Îmbrăcăminte de protecție fixată pe umerii celor care poartă greutăți. **3.** Împletitură din lână, melană etc., cu care își îmbracă umerii cei care suferă de reumatism.

❃

UNCIE (*s.f.*) – Veche unitate de măsură pentru greutăți, a cărei valoare varia între 28 și 35 de grame.

ANCIE (*s.f.*) – Lamă elastică fixată în muștiucul unui instrument de suflat pentru a produce sunete sau pentru a le intensifica.

❃

UNICORD (*adj.*) – (făcând referire la instrumente muzicale) Care are câte o coardă pentru fiecare notă.

UNICORN (*adj.*) – (ZOOL.) Care are numai un corn.

❃

URGIE (*s.f.*) – (POP.) **1.** Nenorocire mare care se abate asupra cuiva sau a ceva. **2.** Dezlănțuire violentă a forțelor naturii.

ORGIE (*s.f.*) – Petrecere desfrânată cu exces de mâncare și băutură; desfrâu, dezmăț,

※

URMĂ (*s.f.*) – Semn concret lăsat de cineva sau de ceva pe locul unde a trecut sau a stat.

URNĂ (*s.f.*) – **1.** Vas de pământ sau de bronz, de capacități și de forme diferite, în care se păstrau în antichitate unele lichide. **2.** Vas în care se păstrează cenușa morților incinerați. **3.** Cutie care are o deschizătură îngustă, prin care se introduc buletinele de vot, numerele unei loterii etc.

※

UZINAL (*adj.*) – Care ține de uzină; al uzinei.

UZINAR (*s.m.*) – Persoană care lucrează într-o uzină.

VACANT (*adj.*) – **1.** (făcând referire la posturi, funcții) Care nu este ocupat; liber. **2.** (JUR.) (făcând referire la succesiuni) Care este liber și nereclamat de moștenitori.

VACAT (*s.n.*) – Pagină albă, intenționat netipărită, din interiorul unei lucrări.

✵

VACCIN (*s.n.*) – Produs biologic obținut din germeni patogeni sau din secreții microbiene, care se administrează prin injecții sau pe cale bucală unui om sau unui animal, în scop preventiv sau curativ.

VACCINĂ (*s.f.*) – Boală infecțioasă virotică a bovinelor, caracterizată prin prezența unor pustule a căror serozitate se inoculează la om pentru a-i crea imunitate față de variolă.

✵

VAL (*s.n.*) – **1.** Masă de apă care înaintează prin mișcări oscilatorii la suprafața unei mări, a unui ocean etc, formând creste și adâncituri. **2.** Cantitate de țesătură înfășurată pe un cilindru special, de lemn sau de carton. **3.** Meterez de pământ care servea în antichitate ca fortificație militară.

VĂL (*s.n.*) – Bucată de țesătură fină, de obicei transparentă, pe care femeile și-o pun pe cap sau cu care își învăluie corpul sau o parte a corpului.

✵

VALȚ (*s.n.*) – **1.** Mașină sau instalație formată din una sau mai multe perechi de cilindri grei, dispuși paralel și având rotire inversă unul față de celălalt, folosită la prelucrarea prin deformare plastică a materialelor metalice, la sfărâmarea boabelor de cereale, la prelucrarea cauciucului etc. **2.** Cilindru care intră în componența unei mașini.

MALȚ (*s.n.*) – Produs obținut din boabe de cereale încolțite (în special din orz), uscate și măcinate, folosit la fabricarea berii și a spirtului.

※

VALUTĂ (*s.f.*) – Unitate monetară a unui stat, cu precizarea metalului în care este definită; totalitatea mijloacelor de plată exprimate în moneda unui stat, care pot fi folosite în decontări.

VOLUTĂ (*s.f.*) – (ARHIT.) Ornament în formă de spirală, folosit la capitelurile coloanelor ionice, corintice și compozite.

※

VALVĂ (*s.f.*) – **1.** Fiecare dintre cele două părți simetrice ale cochiliei unei scoici. **2.** Fiecare dintre pereții exteriori ai unor fructe, care se desfac la maturitate, permițând căderea semințelor din interior. **3.** Ansamblu de piese sau armătură care servește la stabilirea, întreruperea sau reglarea circulației unui fluid printr-o conductă, printr-un tub etc.

VULVĂ (*s.f.*) – Partea externă a organului genital feminin.

※

VARGĂ (*s.f.*) – Nuia lungă și subțire tăiată dintr-o ramură dreaptă de arbore.

VERGĂ (*s.f.*) – Bară așezată perpendicular pe catargul unei corăbii, folosită la susținerea unor vele.

※

VARIANTĂ (*s.f.*) – Aspect care diferă, mai mult sau mai puțin, față de forma de bază, tipică a unui lucru, a unei lucrări etc.

VARIANȚĂ (*s.f.*) – Numărul factorilor unui sistem fizico-chimic care pot varia independent, fără ca numărul de faze ale sistemului să se modifice.

✻

VARMETRU (*s.m.*) – Instrument pentru măsurarea puterii electrice reactive în rețelele de curent alternativ.

VAROMETRU (*s.m.*) – Contor electric pentru măsurarea în varore a energiei electrice reactive.

✻

VANĂ (*s.f.*) – Vas mare pentru îmbăiat sau pentru spălat rufe; cadă.

VENĂ (*s.f.*) – Vas sangvin de diferite mărimi, care aduce sângele de la organe și țesuturi la inimă.

✻

VATIR (*s.m.*) – Țesătură de bumbac, de in sau de cânepă, foarte apretată, folosită pentru întăriri la haine (bărbătești).

BATIR (*s.m.*) – Fir de bumbac răsucit ușor, puțin mai gros decât ața de cusut, întrebuințat la însăilat.

✻

VÂNĂT (*adj.*) – De culoare albastru-închis, cu reflexe violete.

VÂNAT (*s.n.*) – **1.** Vânătoare. **2.** Ceea ce vânează cineva.

✻

VĂLURAT (*adj.*) – Care este cu valuri sau care arată ca niște valuri.

VELURAT (*adj.*) – Scămoșat pe o parte; cu aspect de velur.

✻

VÂNOS (*adj.*) – Care are vene groase; puternic, viguros, vânjos.

VENOS (*adj.*) – Care aparține venei, privitor la venă.

✻

VÂRSTĂ (*s.f.*) – Timpul scurs de la nașterea ființei până la un anumit moment din viața ei.

VERSTĂ (*s.f.*) – Unitate de măsură pentru distanțe, folosită în trecut, egală cu 1,067 km.

❋

VEDETĂ (*s.f.*/m.) – **1.** Actor sau actriță care are un rol principal într-un spectacol. **2.** Navă mică de război care navighează pe fluvii sau în apropierea litoralului, pe o rază redusă de acțiune.

VENDETĂ (*s.f.*) – Act de răzbunare sângeroasă, frecvent în Corsica și în Sicilia, care se extinde și se transmite asupra tuturor rudelor victimei, obligate să se răzbune cu orice preț; ură.

❋

VENAL (*adj.*) – (LIVR.) Care este lipsit de scrupule; care face orice lucru (reprobabil) pentru bani.

VERNAL (*adj.*) – (LIVR.) Care ține de primăvară; privitor la primăvară.

❋

VENUST (*adj.*) – (LIVR.) Care are o frumusețe feminină voluptoasă.

VETUST (*adj.*) – (LIVR.) Care are un aspect învechit, demodat.

❋

VERS (*s.n.*) – Unitate prozodică elementară, alcătuită dintr-unul sau mai multe cuvinte, potrivit unei scheme; fiecare din rândurile care alcătuiesc strofele unei poezii.

VIERS (*s.n.*) – **1.** (POP.) Melodie, cântec, arie. **2.** Glas, voce.

❋

VERSANT (*s.n.*) – Fiecare dintre cele două coaste ale unui munte sau ale unui deal; pantă.

VERSAT (*adj.*) – (făcând referire la oameni) Cu experiență, priceput.

❋

VIBRIZĂ (*s.f.*) – **1.** Părul din nările omului. **2.** (la unele mamifere) Mustăți.

VIBRIOZĂ (*s.f.*) – (MED.) Boală infecțioasă a taurinelor și a ovinelor, provocată de vibrioni.

❋

VIELĂ (*s.f.*) – Vechi instrument muzical cu coarde, acționate cu ajutorul unei manivele, și folosit îndeosebi de trubaduri.

VIOLĂ (*s.f.*) – Instrument muzical cu coarde, mai mare decât vioara, acordat cu o cvintă mai jos decât vioara și având sunete mai groase decât aceasta.

❋

VIL (*adj.*) – (FRANȚUZISM ÎNV.) De proastă calitate, demn de disprețuit, ordinar; josnic; abject.

HIL (*s.n.*) – **1.** (ANAT.) Porțiune la suprafața unui organ pe unde pătrund vasele sangvine și nervii. **2.** (BOT.) Cicatrice aflată pe învelișul semniței, la locul unde aceasta s-a desprins de piciorușul ovulului.

❋

VIOLENT (*adj.*) – **1.** Care se produce sau acționează cu violență; intens, puternic, tare. **2.** (făcând referire la ființe) Care are accese de furie; coleric, impulsiv.

VIOLET (*adj.*) – De culoarea viorelei.

❋

VIRAL (*adj.*) – (BIOL.) Virotic.

VIRAN (*adj.*) – (făcând referire la terenuri) Care, deși se află într-o zonă locuită și construită, este fără clădiri și, de regulă, neîngrădit.

❋

VIROLĂ (*s.f.*) – Inel mic de metal care strânge mânerul de lemn al unui cuțit, al unei unelte, pentru a-l împiedica să crape.

VIROZĂ (*s.f.*) – Nume generic dat bolilor provocate de viruși.

※

VIRTUOS (*adj.*) – Înzestrat cu multe virtuți; care respectă consecvent normele etice.

VIRTUOZ (*s.m.*) – Persoană care stăpânește foarte bine tehnica unui instrument muzical.

※

VIȚOS (*adj.*) – (POP.) (făcând referire la rădăcinile plantelor) Cu ramificații numeroase și lungi.

FIȚOS (*adj.*) – **1.** Mofturos, capricios. **2.** Încrezut; prețios. **3.** (*fig.*) Căutat, studiat. **4.** (făcând referire la lucruri) Prețios, scump, costisitor.

※

VOINIC (s./*adj.*) – (*s.m.*) **1.** Tânăr bine făcut, chipeș, curajos, viteaz, îndrăzneț. **2.** Flăcău, fecior. **3.** (înv.) Soldat, ostaș. **4.** (*adj.*) (făcând referire la oameni) Bine făcut, robust, viguros, vânjos.

VOLNIC (*adj.*) – (ÎNV. și ARH.) **1.** Liber; independent, autonom. **2.** Care se impune cu sila, care se face cu forța; arbitrar.

※

VOLAN (*s.n.*) – Piesă de formă circulară din mecanismul unui autovehicul, cu ajutorul căreia se dă autovehiculului direcția dorită.

VOLANT (*s.n.*) – Piesă mare în formă de roată, de obicei foarte grea, montată pe arborele motor al unei mașini cu piston, care servește ca element de reglare a mișcării și de uniformizare a turației.

※

VRAC (*s.m.*) – Mod de depozitare și de transport în grămezi neordonate și fără ambalaj al unor materiale sub formă de pulbere, granule sau bucăți.

VRAF (*s.m.*) – Teanc, grămadă, maldăr, morman.

WATTMETRU (*s.m.*) – Instrument electric de măsură folosit pentru măsurarea în wați a puterii electromagnetice dintr-un circuit electric.

WATTORMETRU (*s.m.*) – Contor pentru măsurarea în watt/ore a energiei electromagnetice care trece printr-un circuit.

❋

WOLFRAM (*s.m.*) – Element chimic, metal dur, cenușiu deschis (în stare compactă) sau cenușiu închis (sub formă de pulbere), lucios, folosit la fabricarea oțelurilor speciale și a filamentelor pentru becuri electrice; tungsten.

WOLFRAMIT (*s.m.*) – Minereu din care se extrage wolframul.

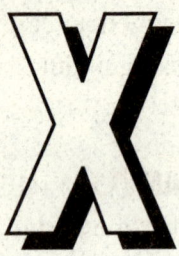

XILEM (*s.n.*) – (BOT.) Țesut lemnos alcătuit din vase lemnoase.

XILEN (*s.m.*) – Hidrocarbură lichidă care se folosește ca solvent în industria lacurilor, a coloranților, a cauciucurilor.

❋

XILOID (*adj.*) – (făcând referire la materiale) Care este de natură lemnoasă sau prezintă o structură asemănătoare cu aceea a lemnului.

XYLOIT (*s.m.*) – Amestec de rumeguș de lemn și clorură de magneziu, colorat cu pigmenți minerali, cu aspect de piatră.

❋

XILON (*s.m.*) – Fibră sintetică din care se țes materiale textile (pufoase) pentru obiecte de îmbrăcăminte, huse etc.

SILON (*s.m.*) – Fibră textilă poliamidică folosită la fabricarea unor confecții.

Z

ZARIȘTE (*s.f.*) – **1.** Zare, orizont. **2.** Luminiș în pădure.
JARIȘTE (*s.f.*) – **1.** (ÎNV.) Jar, foc; vatră. **2.** Loc pustiit de foc.

❋

ZAHARAZĂ (*s.f.*) – Enzimă din sucul intestinal care transformă zaharoza în fructoză și glucoză; invertină, sucrază.
ZAHAROZĂ (*s.f.*) – Substanță din clasa zaharurilor, formată din combinarea unei molecule de fructoză cu o moleculă de glucoză, cu gust dulce, solubilă în apă și cu mare valoare nutritivă.

❋

ZAHARIMETRU (*s.m.*) – Instrument folosit pentru determinarea concentrației unei soluții de zaharoză, utilizat în special în industria zahărului.
ZAHAROMETRU (*s.m.*) – Instrument folosit pentru determinarea concentrației soluțiilor de zahăr prin măsurarea densității lor.

❋

ZĂBALĂ (*s.f.*) – **1.** Parte a căpăstrului care se introduce în gura calului, pentru a-l struni și pentru a-l conduce. **2.** Bubuliță albicioasă molipsitoare, care apare la oameni în colțurile gurii și la vite pe buze.
ZĂBAVĂ (*s.f.*) – **1.** Întârziere, încetineală, tărăgăneală. **2.** Răgaz, odihnă. **3.** Trecere de vreme.

❋

ZĂLOAGĂ (*s.f.*) – (REG.) **1.** Semn de carte. **2.** Capitol dintr-o carte.
ZĂNOAGĂ (*s.f.*) – **1.** Depresiune circulară cu versante prăpăstioase în zona mun-

ților înalți. **2.** Poiană înverzită. **3.** Ochi adânc de apă format pe cursul unui râu, mai jos de stăvilar.

※

ZĂLUD (*adj.*) – **1.** Smintit, ticnit, nebun. **2.** Naiv, nepriceput, ușuratic.

ZĂLUG (*s.m.*) – (REG.) Lanț împletit din sârmă.

※

ZĂPOR (*s.n.*) – **1.** (POP.) îngrămădire de sloiuri de gheață care se formează primăvara într-un punct al râului, care produce creșterea nivelului apei și inundații. **2.** Baraj făcut de oameni pentru a permite pornirea plutelor sau funcționarea morilor de apă.

ZĂVOR (*s.n.*) – Încuietoare la ușă și, uneori, și la ferestre.

※

ZĂRI (*vb.*) – **1.** A vedea ceva vag, nedeslușit (din cauza depărtării sau a întunericului). **2.** A se arăta, a se ivi.

ZERI (*vb.*) – (REG.) (mai ales făcând referire la lapte) A se face precum zerul.

※

ZÂMBRU (*s.m.*) – Arbore conifer, cu frunze în formă de ace, grupate câte cinci, cu semințe comestibile și cu lemnul foarte rezistent.

ZIMBRU (*s.m.*) – Animal sălbatic masiv din familia bovinelor, ocrotit în rezervații naturale, deoarece este pe cale de dispariție.

※

ZÂZANIE (*s.f.*) – Animozitate, ceartă, conflict, dezacord, dezbinare, diferend, discordie, discuție, disensiune, dispută, divergență, dușmănie, învrăjbire, ostilitate, ură, vrajbă, vrăjmășie.

ZIZANIE (*s.f.*) – Plantă erbacee din familia gramineelor, cu frunze liniare alungite, cu spicul asemănător cu cel al pirului, cultivată ca plantă furajeră și ornamentală (*Lolium perenne*).

ZBURA (*vb.*) – **1.** (făcând referire la păsări și insecte) A plana și a se deplasa în aer cu ajutorul aripilor. **2.** (făcând referire la aparate de zbor) A se ridica și a se menține în văzduh; a se deplasa în aer. **3.** (făcând referire la oameni) A călători cu un aparat de zbor.

ZBURDA (*vb.*) – A alerga sprinten încoace și încolo; A se zbengui cu voioșie.

❋

ZEGHE (*s.f.*) – Haină țărănească lungă, împodobită uneori cu găitane negre, care se poartă în ținuturile muntoase; haină făcută din piele de oaie, cu care se îmbracă ciobanii.

LEGHE (*s.f.*) – Unitate de măsură pentru distanțele terestre sau maritime, variind între 4 și 5,5 km.

❋

ZODIAC (*s.m.*) – **1.** Zonă circulară a sferei cerești în care se află cele douăsprezece constelații corespunzătoare lunilor anului și prin fața cărora trece drumul aparent al Soarelui în cursul unui an; fiecare dintre cele 12 sectoare ale acestei zone. **2.** În sintagmele: „Semnele zodiacului" sau „Zodiacele" = figurile simbolice ale zodiacului reprezentând cele douăsprezece constelații. **3.** Carte de astrologie cuprinzând preziceri asupra destinului oamenilor, potrivit zodiei în care s-au născut; carte de zodii.

ZODIAR (*s.m.*) – (POP.) Carte de zodii.

❋

ZOOFIT (*s.n.*) – Animal care face parte din încrengătura zoofitelor, care cuprinde animale inferioare a căror formă amintește de cea a plantelor.

ZOOLIT (*s.m.*) – Animal sau parte a unui animal fosil pietrificat.

❋

ZOOIATRIE (*s.f.*) – (LIV.) Medicină veterinară.

ZOOLATRIE (*s.f.*) – Religie primitivă bazată pe divinizarea animalelor; cult al animalelor în diverse religii antice.

※

ZOOIATRU (*s.m.*) – (LIV.) Medic veterinar.

ZOOLATRU (*adj./ s.m.*) – Persoană care se închină la animale.

※

ZUAV (*s.m.*) – Soldat francez dintr-un corp special de infanterie care a existat în Algeria.

SUAV (*adj.*) – Gingaș, grațios, delicat.